CERTIFIED PRIVATE BANKER

자산관리 실무사례

집필_ 김문기·김민규·민복기·박정국·이승희·이재국

한국금융연수원
KOREA BANKING INSTITUTE

발간사

글로벌 금융위기 이후 저성장, 저금리를 특징으로 하는 뉴노멀(New Normal)이 등장한 지 5년 후인 2014년에 세계최대 채권운용회사인 핌코는 "이제 뉴노멀도 가고 뉴뉴트럴(New Neutral) 시대가 왔다."라고 진단한 적이 있습니다. 여기서 뉴뉴트럴은 회복되지도 침체되지도 않은 새로운 경제상황을 표현한 말로 뉴노멀보다 더 부정적인 의미를 갖고 있습니다.

그만큼 어려운 경제상황이 지속되면서 금융회사 간의 경쟁이 더욱 치열해지고 금융회사의 수익확보도 녹록치 않게 되었습니다. 이러한 상황 하에서 자산관리 시장은 은행산업에 있어서 커다란 잠재력을 가진 새로운 성장 동력으로 부상하고 있으며 이에 따라 금융회사들은 자산관리와 관련한 전문역량을 강화하는 데 많은 노력을 쏟고 있습니다.

이러한 추세에 부응하여 한국금융연수원에서는 금융회사 자산관리 담당인력의 전문성 향상 및 실무역량 강화를 견인하기 위해 2018년 9월 금융위원회의 승인을 얻어 국가공인 자산관리사(FP: Financial Planner)의 상위 자격인 '프라이빗뱅커(CPB: Certified Private Banker)' 자격을 신설하였으며, 이번에 동 자격시험에 대비한 참고도서들을 발간하게 되었습니다.

본 도서는 전체 총 7권으로 「금융상품 및 투자분석」, 「포트폴리오 설계」, 「보험설계 및 컴플라이언스」, 「은퇴설계」, 「부동산 투자설계」, 「세금설계 및 상속설계」, 「자산관리 실무사례」로 구성되어 있으며, 프라이빗뱅커(CPB)가 갖추어야 할 고급이론 및 실무지식을 보다 깊고 보다 체계적으로 담고자 하였습니다.

또한 자기주도형 학습이 용이하도록 수록내용을 최대한 이해하기 쉽게 기술하는 한편, 「자산관리 실무사례」 도서를 제외한 모든 책자에서 각 장별로 서두에 [학습개요]와 [학습목표]를 명시하여 해당 장에서 도달하여야 할 학습목표를 제시하였고, 각 장 말미에는 [주요내용 종합정리]와 [연습문제와 해설]을 수록하여 학습내용을 복습하고 학습결과를 측정·확인해 볼 수 있도록 구성하였습니다.

아울러 자산관리사(FP) 자격 참고도서와 달리 각 도서별 내용들을 복합적으로 심화학습할 수 있도록 「자산관리 실무사례」라는 사례형 문제집을 추가로 제작했습니다. 현장에서 자주 접하게 되는 상황을 부문별 사례로 구성하였습니다.

끝으로 이 책이 나오기까지 많은 노고를 아끼지 않은 집필자들, 자문위원들, 그리고 우리 원 직원 여러분께 깊이 감사드리며, 앞으로 본 도서가 최고 수준의 금융자산 설계전문가를 지향하는 금융인들에게 나침반 역할을 하고, 더 나아가 우리나라 금융산업의 발전에도 공헌할 수 있기를 바랍니다.

2019년 4월

한국금융연수원 원장 문재우

머리말

프라이빗뱅커(CPB: Certified Private Banker) 자격시험은 개인 고액자산가의 자산 및 수익 증대를 실현하기 위해 금융 분야 전반에 걸쳐 종합적인 금융상담과 실행을 지원할 수 있는 최고급 수준의 금융자산설계전문가를 의미한다. 그리고 이러한 전문가를 양성하기 위하여 직무에 필요한 평가 사례집을 발간하였다.

본 사례집은 '금융자산 운용설계'와 '생애 설계'의 2개 모듈로 구분되어 있다. 세부적으로 보면 '금융자산 운용설계' 모듈은 금융상품 및 투자분석, 포트폴리오 설계, 보험설계 및 컴플라이언스 등 3개 부문이고, '생애 설계' 모듈은 은퇴설계, 부동산 투자설계, 세금설계 및 상속설계 등 3개 부문으로 총 6개 과목으로 구성되어 있다.

본 서는 프라이빗뱅커(CPB) 총 6권의 교재에서 제시하고 있는 각종 이론과 실무사례 중에서 중요한 내용을 선별하여 구성하였으며 CPB가 고객과의 상담에서 실제로 활용할 수 있는 실무능력을 제고할 수 있는 방향으로 출제하였다.

고객의 자산관리에 필요한 CPB의 분야별 전문성을 높이기 위하여 각 과목의 핵심내용을 이해하고 있는지를 평가한다. 문제 유형은 주어진 사례와 관련한 선다형, 단답형, 약술형 문항으로 구성되어 있다.

본 서는 기존 FP과정과 연계하여 CPB가 고객에게 자산관리컨설팅 서비스를 제공할 때 보다 깊이 있고 종합적인 상담이 가능하도록 실무에 필요한 핵심 이론과 사례들을 다루고자 최선을 다하였다. 그럼에도 미진한 부분이 있다면 지속적으로 수정·보완하여 자산관리 분야에서 최적의 솔루션을 제공하는 도서가 될 수 있도록 최선의 노력을 아끼지 않을 것임을 약속드린다.

끝으로 교재가 출판되기까지 많은 도움을 주신 분들과 여러 가지 어려움 속에서도 본 교재가 출간될 수 있도록 각고의 노력을 기울여주신 한국금융연수원 출판미디어사업부 직원들께 깊은 감사의 마음을 전한다.

2019년 4월
저자 일동

목 차

Contents

Korea Banking Institute

금융상품 및 투자분석

[사례 1] ~ [사례 8]

사례 1 | 금융상품 및 투자분석

질문을 위한 기본정보

대한기업에 입사하여 5년째 근무하고 있는 나국민 씨는 3년 만기 적금원리금 2,000만 원을 주식에 투자하기로 마음먹었다. 그동안 주의 깊게 지켜보아왔던 A기업, B기업을 CPB 교재를 통해 학습한 주식평가 이론(PER 평가모형)에 따라 비교·평가한 후에 어떤 기업에 투자할 것인지를 결정하기로 하였다. 투자분석을 위한 금융시장 현황 및 기업분석 기초자료는 다음과 같다.

Ⅰ. 경제 및 금융시장 현황

- 경제 현황: 최근 6개월 동안 국내 경기선행지수가 소폭 반등하고 있는 가운데, 실물경제는 여전히 어려운 여건으로 정부에서는 경기부양을 위하여 '확장적 재정정책'을 지속적으로 추진할 예정이다.
- 주식시장 현황: 지난 6개월 동안 국내 주가지수(KOSPI)는 이전 고점 대비 약 10% 정도 낮아졌으며, 최근 한 달간 주가지수는 2,800~3,000P 범위에서 박스권 등락을 반복하고 있다.
- 금리시장 현황: 한국은행은 경제상황 및 국내 물가상승률 등을 종합적으로 고려하여 당분간 기준금리는 동결될 것으로 전망된다.

II. 기업가치 분석자료 현황

(단위: 원, %)

구 분	A기업	B기업
현재 주가	7,000	21,000
주당순이익(EPS)	1,200	2,000
요구수익률(자기자본비용)	10	10
배당성향	40	40
성장률	5	6
동종 산업 평균 PER	9.0	8.0

선다형

01 위 사례에서 제시하는 정부의 '확장적 재정정책'에 대한 설명으로 옳지 않은 것은?

① 재정정책은 경제 안정화 및 경제성장률 달성, 소득 재분배 등을 목표로 정부가 직접 개입하는 경제정책으로 그 효과가 빠르고 강력하다는 특징이 있다.
② 정부는 '확장적 재정정책'을 추진하기 위하여 세율인하 등을 통해 조세수입을 감소시키게 될 것이다.
③ 정부는 '확장적 재정정책'을 추진하기 위하여 정부지출을 최대한 확대시키게 될 것이다.
④ 정부의 '확장적 재정정책'은 물가하락을 유도할 수 있다는 장점을 가지고 있다.
⑤ 정부의 '확장적 재정정책'은 적자재정으로 인한 재정건전성 문제가 야기될 수 있다는 단점을 가지고 있다.

정답 ④

해설 정부의 '확장적 재정정책'은 총수요를 증가시켜 경제성장을 유도하게 되지만, 물가상승이나 이자율상승 및 적자재정으로 인한 재정건전성 문제가 야기될 수 있다.

02 위 사례에서 A기업 및 B기업의 주가수익비율(PER) 모형에 따른 평가결과에 대한 설명으로 옳지 않은 것은?

① A기업에 비하여 B기업의 PER이 더 높다.
② A기업의 PER은 동종 산업 평균 PER에 비하여 더 낮다.
③ A기업은 적정 주가에 비하여 저평가되어 있다.
④ B기업의 적정 주가에 비하여 고평가되어 있다.
⑤ B기업의 PER은 동종 산업 평균 PER에 비하여 더 낮다.

정답 › ⑤

해설 › B기업의 PER은 동종 산업 평균 PER에 비하여 더 높다.

〈주가수익비율(PER) 평가모형 계산식〉

$$PER = \frac{1-b}{k_e - g}$$

(단위: 원, %)

구 분	A기업	B기업
현재 주가	7,000	21,000
주당순이익(EPS)	1,200	2,000
요구수익률(자기자본비용)	10	10
배당성향	40	40
성장률	5	6
동종 산업 평균 PER	9.0	8.0
이론 PER	8 계산식[PER = 0.4/(0.1-0.05)]	10 계산식[PER = 0.4/(0.1-0.06)]
PER모형 적정 주가	9,600	20,000

03 **위 사례에서 A기업 및 B기업의 주가수익비율(PER) 평가모형에 따른 PER 값에 영향을 미치는 요인에 대한 설명으로 옳지 않은 것은?**

① A기업의 배당성향이 40%에서 50%로 증가한다면 A기업의 PER은 높아진다.
② A기업의 내부유보율이 60%에서 70%로 증가한다면 A기업의 PER은 높아진다.
③ B기업의 성장률이 5%에서 6%로 높아진다면 B기업의 PER은 높아진다.
④ 요구수익률이 10%에서 11%로 높아진다면 B기업의 PER은 낮아진다.
⑤ 다른 조건이 일정한 상황에서 A기업의 재투자수익률(자기자본이익률)이 상승하면 A기업의 성장률은 높아진다.

정답 › ②
해설 › A기업의 내부유보율이 60%에서 70%로 증가한다면 PER은 낮아진다.

단답형

04 **위 사례에서 주가수익비율(PER) 평가모형에 의한 A기업의 적정 주가를 산출하시오.**

정답 › 9,600원
해설 › A기업의 적정 주가 = [PER(8.0) × EPS(1,200) = 9,600]

05 **위 사례에서 B기업의 주당순이익(EPS)이 2,000원에서 2,200원으로 상승한 경우를 가정하고 주가수익비율(PER) 평가모형에 의한 B기업의 적정주가를 산출하시오.(다른 조건은 동일한 것으로 가정함)**

정답 › 22,000원
해설 › B기업의 적정 주가 = [PER(10.0) × EPS(2,200) = 22,000]

약술형

06 위 사례에서 제시하는 주가수익비율(PER) 모형에서 PER과 요구수익률, 배당성향, 성장률의 관계를 설명하시오.

정답 배당성향이 높을수록(내부유보율이 낮을수록) PER은 높아지고, 성장률이 높을수록 PER은 높아지며, 요구수익률(자기자본비용)이 낮을수록 PER은 높아진다.

해설 ① 배당성향이 높을수록 PER은 높아진다.
② 내부유보율이 낮을수록 PER은 높아진다.
③ 성장률이 높을수록 PER은 높아진다.
④ 요구수익률(자기자본비용)이 낮을수록 PER은 높아진다.

사례 2 | 금융상품 및 투자분석

질문을 위한 기본정보

50대 주부인 김영란 씨는 최근 세입자로부터 받은 주택 전세보증금 3억 원을 가지고 안정적인 채권에 투자하고자 한다. 수익률은 다소 낮지만 주가상승 시 초과수익을 추구할 수 있는 메자닌 채권에 투자하기로 하고, 삼청증권 CPB 김유신 대리를 찾아가 상담을 하였다. 김유신 대리는 최근 금리 및 채권수익률 현황 등 객관적인 자료를 제공하고 채권 투자분석을 통해 선정한 A전자 전환사채를 추천하였다. 그 세부내용은 다음과 같다.

Ⅰ. 금융시장 현황

- 주식시장 현황: 국내 주가지수는 지난 6개월 동안 지속적으로 상승하여 3,200P를 기록한 이후, 최근 1달간은 2,900~3,100P 범위에서 박스권 등락을 반복하고 있다.
- 금리시장 현황: 기준금리는 크게 변화가 없는 상황에서 기업실적 악화로 신용스프레드가 상승하여 시장금리는 다소 상승하고 있으며, 특히 투기등급 채권의 신용 스프레드가 다소 큰 폭으로 상승하고 있다.

Ⅱ. 전환사채 매매 시 조건

구 분	전환사채(CB)
발행회사(신용등급)	A전자(BBB+)
액면가	10,000원
표면이자율 (3개월 이표채)	3%
전환가격 (전환청구기간)	10,000원 (채권 발행 후 1개월 경과 시점부터 만기 1개월 전까지)
A전자 현재주가	8,000원

구 분	전환사채(CB)
채권만기	3년
만기보장수익률	연 2%(만기원리금 106% 지급)
중도상환 옵션(풋옵션)	2년 이후 6개월 단위 풋옵션
전환가격 재조정(refixing) 조건	발행일로부터 6개월이 되는 날부터 매 3개월이 되는 날을 전환가격 조정일로 하고, 전환가격 조정일 전일을 기산일로 하여 그 기산일로부터 소급한 1주일 동안의 '가중산술평균주가'의 가액이 조정일 직전의 현재 전환가격보다 낮은 경우에는 낮은 가격을 전환가격으로 한다(단, 재조정 가격의 범위는 최초 발행 시 전환가격의 30% 이내로 한다).
기타	주식 전환비율은 액면금액 전체로 하며, 기타 조건은 없는 것으로 가정한다.

선다형

01 위 사례에서 A전자 전환사채에 대한 설명으로 옳지 않은 것은?

① A전자 전환사채의 경우 채권 만기일까지 A전자 주식이 전환가격인 10,000원 이상으로 상승하지 않으면 주식전환으로 인하여 손실이 발생하게 된다.

② A전자 전환사채는 A전자 주식가격이 상승하는 경우 채권가격이 상승하게 된다.

③ A전자 전환사채를 3년 만기까지 보유한 투자자는 표면이자율에 따른 3개월 단위 이표(쿠폰) 이외에 총 6%의 이자를 추가로 지급받게 된다.

④ A전자 전환사채를 매입한 이후 A전자의 주가는 변동이 없는 상황에서 시장수익률(할인률)이 상승하면 채권가격은 하락한다.

⑤ A전자 전환사채의 투자자는 발행 후 2년이 경과한 시점부터 매 6개월 단위로 전환사채의 조기상환을 청구할 수 있다.

정답 › ①

해설 › 전환사채의 전환권은 권리이므로 만기까지 주식가격이 하락하거나, 전환가격 이상으로 상승하지 않아도 전환가격으로 인한 손실은 발생하지 않는다.

02 위 사례에서 매매 시점에서 산출한 A전자 전환사채의 패리티(Parity)비율로서 옳은 것은?

① 80%
② 100%
③ 120%
④ 125%
⑤ 150%

정답 › ①
해설 › 패리티(Parity) = 주가/전환가격 = 80%

03 위 사례에서 A전자의 전환사채에 설명으로 옳지 않은 것은?

① 투자자가 A전자 전환사채의 전환권을 행사하면 채권이 소멸되고 회사의 자본이 되므로 A전자 입장에서는 사실상 유상증자의 효과가 발생하게 된다.
② A전자 전환사채의 최종 만기가 도래하면 자동으로 전환권이 행사되어 A전자 전환사채는 모두 A전자의 주식으로 전환된다.
③ A전자 전환사채의 패리티 비율이 100%를 초과하다는 것은 A전자의 전환가격 보다 현재 주가가 높다는 의미이다.
④ A전자 전환사채의 괴리율이 음(-)의 값인 경우에는 A전자 전환사채의 시장가격이 패리티가격 보다 낮다는 것을 의미한다.
⑤ A전자 전환사채의 괴리율이 음(-)의 값인 상황에서는 이론적으로 전환사채로 매도하는 것보다 주식으로 전환하여 매도하는 것이 더 유리하다.

정답 › ②
해설 › 전환사채의 주식 전환권은 권리이므로 만기 시에도 자동으로 주식으로 전환되지 않는다.

단답형

04 위 사례에서 전환사채에 투자한 이후 A전자 주가가 지속적으로 하락하여 9개월이 되는 재조정 시점에 '전환가격 조정일 전일로부터 소급한 1주일 동안의 가중산술평균주가의 가격이 5,000원'이라고 가정할 때 A전자의 재조정 전환가격을 산출하시오.

정답 › 7,000원

해설 › 재조정 전환가격 조건: 전환가격 조정일 전일로부터 소급한 1주일 동안의 가중산술평균주가의 가액(5,000원)과 전환가격(10,000원) 중 낮은 금액으로 하되, 재조정 가격의 범위는 최초 발행 시 전환가격의 30% 이내로 하기 때문에 재조정 전환가격은 7,000원이 된다.

05 위 사례에서 A전자 전환사채의 시장가격이 8,400원이라고 가정하고 A전자 전환사채의 괴리율을 산출하시오.

정답 › 5%

해설 › 괴리율(%) = (전환사채 시장가격 − 패리티가격)/패리티가격 = (8,400 − 8,000)/8,000
패리티(%) = 주가(8,000)/전환가격(10,000) = 80%
패리티가격 = 패리티(%) × 10,000 = 8,000

약술형

06 전환사채를 매매하는 경우에는 괴리율을 가지고 전환사채 시장(매매) 가격의 적정성을 판단할 수 있다. 위 사례에서 제시하는 A전자의 주가가 지속적으로 변동하고 있는 상황에서 일정시점에 전환사채의 괴리율이 음(−)의 값을 보이는 경우라고 가정하고 '시장가격과 패리티 가격'의 관계 및 매도 시 어떤 방법이 더 유리한지에 대하여 이론적 차원에서 설명하시오.

정답 괴리율이 음(−)의 값인 경우에는 전환사채의 시장가격이 패리티가격(이론가격)보다 낮다는 것을 의미한다. 따라서 괴리율이 음(−)의 값인 상황에서는 전환사채로 매도하는 것보다 주식으로 전환하여 매도하는 것이 더 유리하다.

사례 3 | 금융상품 및 투자분석

질문을 위한 기본정보

나한국 사장은 주식투자에 경험이 많은 40대 자영업자다. 최근 주가지수가 많이 하락하여 평소 관심을 두고 있던 금융주에 투자하고 싶지만, 글로벌 및 국내 경기의 불확실성이 높아 걱정이 이만저만이 아니다. 그래서 삼청증권 이순신 대리를 찾아가 투자상담을 하였다. 삼청증권 이순신 대리는 나한국 사장에게 A건설 교환사채에 투자할 것을 추천하였는데, 그 세부내용은 다음과 같다.

Ⅰ. 금융시장 현황

- 주식시장 현황: 지난 6개월 동안 국내 주가지수(KOSPI)는 다소 하락하여 이전 고점 대비 약 10% 정도 낮아졌다. 특히 금융주는 지속적인 저금리 기조로 인하여 이전 고점 대비 약 20% 수준 하락한 상황이다.
- 금리시장 현황: 기준금리는 크게 변화가 없는 상황에서 기업실적 악화로 신용스프레드가 상승하여 시장금리는 다소 상승하고 있으며, 특히 투기등급 채권의 신용 스프레드가 다소 큰 폭으로 상승하고 있다.

Ⅱ. 교환사채 매매 시 조건

구 분	교환사채(EB) 내용
발행회사(신용등급)	A건설(BB+)
액면가	10,000원
표면이자율(3개월 이표채)	4.5%
교환가격 (교환청구기간)	5,000원 (채권 발행 후 1개월 경과 시점부터 만기 1개월 전까지)
채권만기	5년
A건설 현재주가	6,000원
교환대상 기업(주식)	B금융 보통주

구 분	교환사채(EB) 내용
B금융 현재주가	4,000원
B금융 신용등급	AA+
만기보장수익률	연 2%(만기원리금 110% 지급)
중도상환 옵션 (콜옵션/풋옵션)	2년 이후 6개월 단위 콜옵션 3년 이후 6개월 단위 풋옵션
교환가격 재조정(refixing)	발행일로부터 6개월이 되는 날부터 매 3개월이 되는 날을 교환가격 조정일로 하고, 교환가격 조정일 전일을 기산일로 하여 그 기산일로부터 소급한 1주일 동안의 '가중산술평균주가'의 가액이 조정일 직전의 현재 교환가격보다 낮은 경우에는 낮은 가격을 교환가격으로 한다(단, 재조정 가격의 범위는 최초 발행 시 교환가격의 20% 이내로 한다).
기타	주식 교환비율은 액면금액 전체로 하며, 기타 조건은 없는 것으로 가정한다.

선다형

01 위 사례에서 A건설 교환사채에 대한 설명으로 옳은 것은?

① A건설 교환사채를 5년 만기까지 보유하는 경우 표면이자율에 따른 3개월 단위 이표(쿠폰) 이외에 총 10%의 이자를 추가로 지급받게 된다.

② A건설 교환사채는 A건설 주가가 상승하면 교환가치가 상승하여 채권가격이 상승한다.

③ A건설 교환사채는 교환청구권을 행사하여도 사채권은 유지된다.

④ A건설 교환사채 매입 이후, 다른 조건의 변동이 없는 상황에서 투기등급 채권의 시장금리가 상승하면 채권가격이 상승한다.

⑤ A건설 교환사채 매입 이후, 다른 조건의 변동이 없는 상황에서 투기등급 채권의 신용스프레드가 상승하면 채권가격이 상승한다.

정답 › ①

해설 › A건설 교환사채는 B금융 주식으로 교환할 수 있는 권리가 있는 채권이므로 A건설의 주가는 교환가치에 영향을 미치지 않으며, 교환청구권을 행사하면 사채권은 소멸한다. 또한 다른 조건의 변동이 없는 상황에서 시장금리 또는 신용 스프레드가 상승하면 채권 가격은 하락한다.

02 위 사례에서 A건설 교환사채에 대한 설명으로 옳지 않은 것은?

① 일반적으로 교환사채는 동일 조건의 일반 회사채에 비하여 표면금리가 낮게 발행된다.
② A건설 교환사채 투자자는 A건설 신용위험이 증가하는 경우 B금융 주식으로 교환하여 A건설 신용위험을 회피할 수 있다.
③ A건설 교환사채 투자자가 주식으로 교환청구권을 행사하는 경우 A건설의 자본금이 증가하는 효과가 발생한다.
④ A건설 교환사채는 신용등급 분류에서 투기등급 채권에 속한다.
⑤ 교환사채의 교환대상 주식은 다른 회사의 주식으로 정하는 것이 일반적이지만 자사주도 가능하며, 한 가지가 아닌 두 가지 종류의 주식을 교환 청구대상으로 할 수도 있다.

정답 › ③
해설 › 투자자가 교환 청구권을 행사하여도 A건설의 자본금은 변하지 않는다.

03 위 사례에서 A건설 교환사채에 대한 설명으로 옳은 것은?

① A건설 교환사채는 발행시점에서 교환 행사가격에 비하여 현재 주가가 높기 때문에 교환가치가 있는 채권이다.
② B금융의 주가가 4,000원에서 6,000원으로 상승하면 교환사채의 주식 교환가치는 상승한다.
③ A건설 교환사채는 발행 즉시 주식으로 교환권 행사가 가능하다.
④ A건설의 주가가 6,000원에서 4,000원으로 하락하면 교환사채의 주식 교환가치는 하락한다.
⑤ 다른 조건이 일정한 상황에서 A건설의 신용등급이 발행시점의 BB+ 등급에서 일정기간 이후 BBB+ 등급으로 조정 되었다면 A건설 교환사채 가격은 하락한다.

정답 › ②
해설 › 발행시점에서 B금융의 현재 주가는 4,000원으로 교환가격(5,000원) 대비 낮기 때문에 교환가치는 없으며, 교환권 행사는 발행일로부터 1개월 이후 가능한 채권이다. 또한 교환 대상 주식이 B금융이므로 A건설의 주가는 교환사채의 주식 교환가치에 영향을 주지 않으며 신용등급이 상향되면 채권가격은 상승한다.

단답형

04 **다음 보기에서 정한 상황을 가정하여 'A건설 교환사채'를 보유한 투자자가 교환 청구권을 행사한 경우 주식의 교환가치에서 발생하는 이익을 산출하시오.**

> ▪ 채권 투자 3개월 시점에 주식시장 조건
> - A건설 주식의 현재가 6,000원
> - B금융 주식의 현재가 7,000원
>
> 다른 조건은 교환사채 발행 시와 동일하며, 당일 현재가격으로 교환청구권 행사가 가능한 것으로 가정한다.

정답 › 2,000원

해설 › B금융 주식의 현재가 7,000원 – 교환 행사가격 5,000원 = 2,000원

05 **위 사례에서 다음 보기의 상황을 가정하여 'A건설 교환사채' 의 재조정 교환가격을 산출하시오.**

> ▪ 교환가격 조정일 기준 B금융 주가 변동 상황
> - 전일 종가: 4,200원
> - 교환가격 조정일 전일로부터 소급한 1주일 동안의 가중산술평균주가: 3,800원

정답 › 4,000원

해설 › 재조정 교환가격 조건: 교환가격 조정일 전일로부터 소급한 1주일 동안의 가중산술평균주가의 가액(3,800원)과 교환가격(5,000원) 중 낮은 금액으로 하되, 재조정 가격의 범위는 최초 발행 시 교환가격의 20% 이내로 하기 때문에 재조정 가격은 4,000원이 된다.

약술형

06 위 사례에서 A건설 교환사채의 중도상환 옵션 조건(발행사/투자자 측면)에 대하여 설명하시오.

정답 › (콜옵션)A건설 교환사채의 발행회사는 2년 이후 6개월 단위로 조기상환이 가능하며, (풋옵션)A건설 교환사채의 투자자(채권 보유자)는 3년 이후 6개월 단위로 조기상환 청구가 가능한 조건이다.

사례 4 | 금융상품 및 투자분석

질문을 위한 기본정보

전문직 종사자인 김장미 고객은 그 동안 모아둔 여유자금 1억 원을 가지고 금융투자상품에 가입하기 위하여 삼청은행 CPB 홍길동 대리를 만나 상담을 하였다. 삼청은행 홍길동 대리는 김장미 고객과 투자상담을 하면서 경제상황 및 시장전망에 대한 객관적인 자료를 제공하고, 최근 정부의 재정정책 및 중앙은행의 통화정책 기조와 펀드의 운용전략에 대하여 설명하고 있다.

Ⅰ. 금융시장 전망

- 경제현황: 그동안 침체국면에 있던 국내 경기지표가 조금씩 개선되는 가운데, 정부 및 한국은행은 경기부양을 위하여 확장적 재정정책과 확장적 통화정책 기조를 지속적으로 이어갈 것으로 전망된다.
- 유동성 현황: 최근 통화지표 분석결과 M2(광의통화) 및 통화의 유통속도가 이전에 비하여 증가하고 있는 것으로 분석되었다.

M2(광의통화)	100조 원
본원통화	5조 원
명목GDP	1,000조 원
명목GNI(국민총소득)	1,100조 원

- 주식시장: 경제지표 개선 및 정부의 경기부양 정책으로 향후 주가지수는 점진적 상승이 전망된다.
- 금리시장: 기준금리는 초저금리 상태를 유지하는 가운데, 기업실적 호전으로 하이일드 스프레드는 지속적으로 축소될 전망이다.

II. 투자상품 현황

- 주식형펀드

구 분	펀드 주요 운용전략	베타(β)
A 펀드	성장주 투자전략	1.5
B 펀드	가치주 투자전략	0.8

- 채권형펀드

구 분	펀드 주요운용전략	수정듀레이션
'가' 펀드	글로벌 하이일드펀드	6.0
'나' 펀드	투자등급 채권형펀드	2.0

선다형

01 다음 중 중앙은행의 확장적 통화정책으로 볼 수 없는 것은?

① 한국은행이 시중 금융기관으로부터 국채를 매입하였다.
② 한국은행이 통화안정증권을 추가로 발행하였다.
③ 한국은행이 지급준비율을 인하하였다.
④ 한국은행이 시중 금융기관에 대하여 저리의 자금조정대출을 지원하였다.
⑤ 한국은행이 금융기관으로부터의 자금조달에 중대한 애로가 발생하거나 발생할 가능성이 높은 경우 영리기업에 대한 자금지원을 대폭 확대하였다.

정답 › ②
해설 › 한국은행이 통화안정증권을 추가로 발행하면, 시중에 자금(통화)을 축소시키는 결과를 가져온다.

02 **위 사례에서 김장미 씨는 '가' 펀드(글로벌하이일드 채권형펀드)에 투자하였는데, 하이일드 스프레드가 1년 후 100bp(550bp → 450bp) 변동되었다면, 투자 후 1년간 스프레드 축소로 인한 '가' 펀드의 손익률은 얼마인가?**

① 스프레드 축소로 −1%의 투자손실이 발생한다.
② 스프레드 축소로 1%의 투자이익이 발생한다.
③ 스프레드 축소로 −6%의 투자손실이 발생한다.
④ 스프레드 축소로 6%의 투자이익이 발생한다.
⑤ 스프레드 축소로 수익률의 변동은 발생하지 않는다.

정답 › ④
해설 › 하이일드 스프레드가 100bp(1%) 축소되었고, '가' 펀드의 수정듀레이션이 6.0이므로 스프레드 축소로 6%의 투자이익이 발생한다.

03 **위 사례에서 제시하고 있는 주식형펀드에 대한 설명으로 옳지 않은 것은?**

① A펀드에 투자한 이후 시장지수가 10% 상승 하였다면 A펀드의 수익률은 15% 상승하게 된다.
② B펀드에 투자한 이후 시장지수가 10% 하락 하였다면 B펀드의 수익률은 −8%가 된다.
③ A펀드는 B펀드에 비하여 상대적으로 공격적인 펀드이다.
④ 펀드에 투자한 이후 시장지수가 상승한 경우에는 A펀드의 투자성과(손익률)가 B펀드에 비하여 상대적으로 양호하게 나타난다.
⑤ 펀드에 투자한 이후 시장지수가 하락한 경우에는 A펀드의 투자성과(손익률)가 B펀드에 비하여 상대적으로 양호하게 나타난다.

정답 › ⑤
해설 › 시장지수가 하락하는 경우 베타가 높은 A펀드의 손실률이 상대적으로 높게 나타난다.

단답형

04 위 사례에서 M2의 통화 유통속도를 산출하시오.

정답 〉 10

해설 〉 M2의 통화 유통속도는 명목GDP를 M2(광의통화)로 나누어 산출한다.
(1,000조 원 ÷ 100조 원 = 10)

05 투자에 있어서 상대적위험을 측정하는 지표로서 시장수익률 변동에 대한 펀드 수익률이 변하는 정도인 민감도(sensitivity)를 나타내는 것을 무엇이라고 하는가?

정답 〉 베타(β)

해설 〉 시장수익률 변동에 대한 펀드 수익률이 변하는 정도인 민감도(sensitivity)를 베타(β)라고 한다.

약술형

06 위 사례에서 제시하는 'B' 주식형펀드의 운용전략인 가치주 투자전략에 대하여 약술하시오.

정답 〉 가치주란 기업의 적정 내재가치에 비하여 시장에서 저평가된 가격에 거래되고 있는 종목을 의미하는데, 이렇게 기업의 저평가된 내재가치에 주목하여 가치주에 투자하는 운용전략을 가치주 투자전략이라고 한다.

사례 5 | 금융상품 및 투자분석

질문을 위한 기본정보

나대한 원장은 주식투자에 경험이 많은 40대 내과 의사이다. 최근 주가지수가 박스권 등락을 거듭하고 있는 가운데, 얼마 전 5년 만기 적금이 만기되어 수령한 1억원을 가지고 삼청은행 CPB 홍길동 대리를 찾아가 투자상담을 하게 되었다. 삼청은행 홍길동 대리는 나대한 원장과 투자상담을 한 후, 거시 경제환경을 고려한 고객의 투자전략을 수립하기 위해 각종 경제지표를 분석하고자 한다.

Ⅰ. 경기선행지수 분석 현황

- 경기선행지수 순환변동치는 101.8로 전월대비 0.1%p 상승한 가운데 3개월 연속 상승추세를 이어가고 있다.

구 분	4월	5월	6월
선행지수순환변동치	101.2	101.3	101.4
전월차(p)	0.2	0.1	0.1

- 경기선행지수를 구성하는 개별 경제지표를 분석한 결과 구성지표 중에서 생산, 경제심리, 금융, 대외관련 개별 경제지표는 전월 대비 지속적으로 상승하고 있는 것으로 나타났다. 그중에서 생산 관련 지표의 증가율이 가장 크게 상승하고 있는 것으로 파악되었으며, 반면 투자 관련 지표는 전월 대비 저조한 것으로 분석되었다.

Ⅱ. 물가지표(인플레이션) 분석 현황

인플레이션지표 중에서 경제 전반에 가장 광범위하게 영향을 미치는 지표 중 하나인 '소비자물가지수'를 살펴보니 소비자물가지수가 전월 대비 2% 상승하였다. 소비자물가지수 조사품목 전체에서 가격상승률이 가장 높은 품목 3가지는 배추, 닭고기, 쌀 순으로 파악되었다. 그중에서 배추 가격 상승분만으로 소비자물가지수가 0.2% 상승하였고, 닭고기 가격 상승분만으로 0.12% 상승하였으며, 쌀 가격 상승분만으로 0.1% 상승한 것으로 분석되었다.

선다형

01 위 사례에서 경기선행지수 분석결과에 대한 설명으로 옳지 않은 것은?

① 경제심리지수가 전월 대비 증가(향상)되었다.
② 주가지수(KOSPI)가 전월 대비 상승하였다.
③ 장·단기금리차가 전월 대비 확대되었다.
④ 수출입 관련 업체들의 채산성 및 대외교역 조건이 전월 대비 개선되었다.
⑤ 기계류내수출하지수가 전월 대비 상승하였다.

정답 › ⑤

해설 › 사례에서 투자 관련 지표는 전월대비 악화되었다고 하였으므로 '기계류내수출하지수'와 '건설수주액(선박제외)지수'는 전월 대비 하락하였다.

02 위 사례에서 소비자물가상승률에 대한 배추 가격의 기여율을 구하시오.

① 배추 가격의 기여율은 0.2%이다.
② 배추 가격의 기여율은 2.0%이다.
③ 배추 가격의 기여율은 10%이다.
④ 배추 가격의 기여율은 20%이다.
⑤ 배추 가격의 기여율은 25%이다.

정답 › ③
해설 › 기여율 = (개별품목 증감액/전체전감액) × 100 = 10%

03 위 사례에서 경기선행지수를 구성하는 개별 경제지표에 대한 설명으로 옳지 않은 것은?

① 장·단기금리차가 지속적으로 축소되다가 최악의 경우에는 마이너스(-) 값을 가지게 되는 상황이 발생할 수도 있는데, 이렇게 장·단기금리가 역전되는 경우 시장에서는 이를 경기 불황의 신호로 해석하게 된다.
② 경제심리지수는 '50'을 기준으로 하는데, 이 지수가 '50' 보다 높으면 기업과 소비자들의 경제 심리가 이전보다 낙관적임을 의미하고, '50' 미만이면 비관적임을 의미한다.
③ 기계류내수출하지수는 기업이 미래의 경기예측에 근거하여 설비를 증가시키고 있는지 아니면 축소시키고 있는지에 대한 정보를 제공한다.
④ 건설수주액은 전체 경제에서 건설업 관련 투자측면의 향후 전망을 예측하는 경기선행지표인데, 이 지표는 대규모 건설공사 수주가 불규칙하게 발생함에 따라 다른 경제지표에 비하여 월별 변동성이 크다는 특징을 가지고 있다.
⑤ 수출입물가비율은 수출물가지수를 수입물가지수로 나눈 값으로 수출입상품의 가격농향을 파악하여 상품 수출입 조건이 유리해졌는지 아니면 불리해졌는지를 파악하는 경제지표이다.

정답 › ②
해설 › 경제심리지수는 100을 기준으로 하는데, 이 지수가 100보다 높으면 기업과 소비자들의 경제 심리가 이전보다 낙관적임을 의미하고, 100 미만이면 비관적임을 의미한다.

단답형

04 위 사례와 같이 소비자물가지수를 산출할 때 물가의 변동을 초래하는 여러 요인 가운데 특정 품목이 일시적이고 불규칙하게 영향을 미치기 때문에 소비자물가지수에서 농산물, 석유류, 에너지 등의 가격변동 요인을 제거하고 추세적인 물가상승률을 파악하기 위한 물가지수를 별도로 산출하는데 이를 무엇이라고 하는가?

정답 › 근원인플레이션(core inflation)율

해설 › 소비자물가지수를 산출할 때 물가의 변동을 초래하는 여러 요인 가운데 특정 품목이 일시적이고 불규칙하게 영향을 미치기 때문에 소비자물가지수에서 농산물, 석유류, 에너지 등의 가격변동 요인을 제거하고 추세적인 물가상승률을 파악하기 위한 물가지수를 근원인플레이션(core inflation)율이라고 한다.

05 물가통계에 있어서 "기준시점의 가중치와 가중산술평균 산식을 이용하여 산출하는 방식으로서 기준연도 바스켓으로 소비량을 고정한 채 비교연도에 동일한 바스켓을 구입하기 위하여 얼마나 더 지출하였는지를 측정"하는 방식을 무엇이라고 하는가?

정답 › 라스파이레스방식(Laspeyres' Formula)

해설 › 라스파이레스방식(Laspeyres' Formula)이란 기준시점의 가중치와 가중산술평균산식을 이용하여 산출하는 방식으로서 기준연도 바스켓으로 소비량을 고정한 채 비교연도에 동일한 바스켓을 구입하기 위하여 얼마나 더 지출하였는지를 측정한다.

약술형

06 위 사례에서 경기선행지수를 구성하는 개별 경제지표 7가지 중에서 가장 양호한 것으로 파악된 생산 관련 경제지표는 무엇인지와 지수 산출방법에 대하여 약술하시오.

정답 › 재고순환지표이다. 재고순환지표는 생산자제품 제조업출하증가율(전년동월비) 값에서 생산자제품 제조업 재고증가율(전년동월비) 값을 차감하여 산출한다.

사례 6 | 금융상품 및 투자분석

질문을 위한 기본정보

나대한 고객은 중소기업에 근무하는 직장인으로 그동안 모아둔 적금 만기자금 5천만 원으로 주식형상품에 3천만 원, 채권형상품에 2천만 원을 가입하기로 마음먹고, 삼청은행 CPB 홍길동 대리를 만나 투자상담을 하였다. 삼청은행 홍길동 대리는 나대한 고객과 투자상담을 하면서 시장상황 및 전망에 대한 객관적인 자료를 제공하고 다양한 형태의 펀드전략 및 특징에 대하여 설명하고 있다.

Ⅰ. 금융시장 정보

① 주식시장

글로벌 및 국내 경기선행지수는 지속적으로 호전되고 있으나, 최근 단기 주가 상승폭이 높아 당분간 국내 주식시장은 소폭 조정장세 또는 박스권 횡보장세가 이어질 것으로 전망하고 있다.

② 채권시장

미국을 비롯한 글로벌 주요 국가들의 경기부양을 위해 기준금리를 동결하고 있는 상황에서 미국의 10년물 장기금리가 상승 있는 가운데, 국내 장기물 시장금리는 소폭 상승할 것으로 전망하고 있다.

Ⅱ. 투자상품 정보

① 주식형펀드

구 분	펀드 주요 운용전략	베타
A 펀드	커버드-콜 전략	0.8
B 펀드	보호적-풋 전략	0.7
C 펀드	롱-숏 전략	0.5

② 채권형펀드

구 분	펀드 주요운용전략	수정듀레이션
'가' 펀드	수익률곡선타기 전략	5.5
'나' 펀드	사다리형 전략	3.9
'다' 펀드	수익률예측 전략	3.3
'라' 펀드	바벨형 전략	2.9
'마' 펀드	블릿형 전략	1.8

선다형

01 위 사례에서 삼청은행 홍길동 팀장이 설명한 투자상품의 특징 및 전략에 대한 내용 중 옳지 않은 것은?

① 커버드-콜 전략은 옵션 포지션으로 인하여 주가상승 시 펀드수익률에서 주가 상승폭의 일부를 제한하게 되는 효과가 발생한다고 설명하였다.

② 커버드-콜 전략은 콜옵션을 매수하는 전략이므로 옵션 포지션에서 매수비용이 발생하게 된다고 설명하였다.

③ A 펀드는 베타가 0.8이므로 시장지수가 1% 상승하면 0.8% 손익률이 발생하는 특징을 가지고 있다고 설명하였다.

④ '나' 채권형펀드는 잔존만기별로 채권보유량을 동일하게 유지하여 채권가격 변동에 따른 투자위험을 평준화하는 운용전략을 사용한다고 설명하였다.

⑤ '라' 채권형펀드는 중기채권을 편입하지 않으면서, 단기채권과 장기채권으로만 포트폴리오를 구성하는 운용전략을 사용한다고 설명하였다.

정답 › ②

해설 › 커버드-콜 전략은 주식을 매수하고 콜옵션을 매도하는 전략을 사용하기 때문에 옵션 포지션에서는 비용이 아닌 수익이 발생하게 되며, 콜옵션을 매도하기 때문에 주가 상승 시 상승폭의 일부를 제한하게 된다.

02 **위 사례의 채권형펀드 종류 중에서 투자 후 시장수익률(시장금리)이 1% 상승한 경우 수정듀레이션을 고려하여 투자성과가 가장 저조할 것으로 예상되는 채권형펀드는 무엇인가?**

① '가' 펀드
② '나' 펀드
③ '다' 펀드
④ '라' 펀드
⑤ '마' 펀드

정답 › ①

해설 › 말킬의 채권가격정리에 따르면 시장수익률(시장금리)과 채권형펀드 수익률은 역의 관계에 있으므로 금리가 상승하면 채권형펀드는 손실이 발생하게 되는데, 만기가 긴 채권일수록 그 변동 폭은 커진다. 따라서 수정듀레이션(민감도)이 가장 장기인 '가' 펀드의 투자성과가 가장 저조하게 나타난다.

03 **위 사례의 채권형펀드 중에서 "장기금리와 단기금리는 상승이 예상되는 상황에서 중기금리의 하락이 예상되는 경우 가장 효과적인 채권 운용전략"을 사용하는 펀드에 해당하는 것은?**

① '가' 펀드
② '나' 펀드
③ '다' 펀드
④ '라' 펀드
⑤ '마' 펀드

정답 › ⑤

해설 › 불릿(bullet)형 전략이란 바벨형 전략과 반대로 장기채권과 단기채권을 편입하지 않고 중기채권만으로 포트폴리오를 구성하는 전략을 말하는데, 이 전략은 장기금리와 단기금리는 상승이 예상되는 상황에서 중기금리의 하락이 전망될 때 가장 유효한 전략이 된다.

단답형

04 위 사례에서 제시하고 있는 주식형펀드 중에서 B 펀드의 보호적-풋 전략에 현물주식 포지션(매수/매도)과 풋옵션 포지션 (매수/매도)에 대하여 기술하시오.

정답 › 주식매수, 풋옵션 매수
해설 › 보호적-풋 전략은 현물주식을 매수하면서 풋옵션을 매수하는 전략을 말한다.

05 위 사례에서 제시하고 있는 채권형펀드의 운용전략 중에서 "우상향하는 수익률곡선에서 발행하는 롤링(Rolling effect)효과와 쇼울더효과(shoulder effect)를 이용하여 수익을 추구하는 전략"을 무엇이라고 하는가?

정답 › 수익률곡선타기전략
해설 › 수익률곡선타기 전략은 우상향하는 채권의 수익률곡선에서 발생하는 롤링효과(rolling effect)와 숄더효과(shoulder effect)를 이용하여 수익을 추구하는 전략을 말한다.

약술형

06 위 사례에서 'C' 주식형펀드가 사용하는 롱-숏 전략에 대하여 약술하시오.

정답 › 롱-숏 전략이란 주가가 상대적으로 저평가되거나 오를 것으로 예상되는 주식은 매수(long)하고, 동시에 주가가 고평가되었거나 내릴 것으로 예상되는 주식은 매도(short)하여 포지션 위험을 최소화하면서 제한적인 시세차익을 거두는 전략을 말한다.

사례 7 | 금융상품 및 투자분석

질문을 위한 기본정보

김장미 씨는 입사 후 3년간 열심히 모은 적금이 만기되어 3천만 원을 수령하게 되었다. 어렵게 모은 목돈을 잘 불리기 위하여 큰마음을 먹고 휴가를 내어 지인으로부터 소개받은 삼청은행 CPB 홍길동 대리를 찾아가 상담을 하게 되었다. 투자상담 마친 후 김장미 고객은 A상품, B상품, C상품에 각각 1천만 원씩 나누어 투자를 하게 되었는데, A상품, B상품, C상품의 손익구조는 및 상환조건 다음과 같다.

Ⅰ. 금융시장 정보

① 주식시장

국내 경기선행지수는 지속적으로 호전되고 있으나, 최근 단기 주가 상승폭이 높아 당분간 국내 주식시장은 소폭 조정장세 또는 박스권 횡보장세가 이어질 것으로 전망하고 있다.

② 채권시장

미국을 비롯한 글로벌 주요 국가들의 경기부양을 위해 기준금리를 동결하고 확장적 재정정책을 통해 시장에 지속적인 유동성 공급을 증가시키고 있는 상황에서 국내 채권시장에서는 장기채권 금리가 소폭 상승하고 있다.

Ⅱ. 투자상품 정보

① A상품: '원본보존형 ELB' 손익구조 및 상환조건 개요

기초자산 주가지수	KOSPI200
수익구조	기초자산(KOSPI200) 주가지수가 만기 평가일 종가기준으로 기준가격 대비 90~110% 구간에 있는 경우 연 6%를 지급하는 구조
ELS발행일(기준가격)	2018.2.1.(종가), KOSPI200 종가는 300P로 가정
만기가격 평가일	2019.2.1.(종가)

② B상품: '원금비보장형 ELS' 손익구조 및 상환조건 개요

기초자산 주가지수	KOSPI200
낙인 베리어	60%
조기상환 베리어	95-90-85-80-75-70(Step Down)
쿠폰 수익률	연 9.0%
투자기간	2년(4개월 단위 조기상환형)
ELS발행일(기준가격)	2018.2.1.(종가), KOSPI200 종가는 300P로 가정
ELS 조기상환 평가일	2018.6.1.(1차), 2018.10.1.(2차), 2019.2.1.(3차) 2020.6.1.(4차), 2019.10.1.(5차), 2020.2.1.(6차)

③ C상품: '원본보존형 ELB' 손익구조 및 상환조건 개요

기초자산 주가지수	KOSPI200
수익구조	상승 Knock-out Call
낙아웃 베리어	110%
참여율	80%
투자기간	1년
리베이트	연 1.0%
ELB발행일(기준가격)	2018.2.1.(종가), KOSPI200 종가는 300P로 가정
만기가격 평가일	2019.2.1.(종가)

③ 투자 후 1년간 주가지수(KOSPI200) 변동 현황

구 분	2018년 2월	2018년 3월	2018년 4월	2018년 5월	2018년 6월	2018년 7월
월중 최고종가	290	260	210	200	230	262
월중 최저종가	270	220	175	185	210	225

구 분	2018년 8월	2018년 9월	2018년 10월	2018년 11월	2018년 12월	2019년 1월
월중 최고종가	270	280	275	305	340	329
월중 최저종가	259	270	261	290	310	315

2018.6.1. 종가: 215P	2018.10.1. 종가: 265P	2019.2.1. 종가: 327P

선다형

01 위 사례에서 B상품의 손익구조에 대한 삼청은행 홍길동 대리의 설명으로, 다음 중 옳지 않은 것은?

① B상품은 주가지수가 기간 중 40%를 초과하여 하락한 적이 있는 경우 낙인이 발생하게 된다고 설명하였다.
② B상품은 1차 조기상환평가일(2018.6.1.)의 주가지수가 종가기준 기준가격 대비 95% 이상이면 조기상환된다고 설명하였다.
③ B상품은 기간 중 낙인이 발생했다고 하더라도 2차 조기상환평가일(2018.10.1.)의 주가지수가 기준가격 대비 90% 이상이면 조기상환된다고 설명하였다.
④ B상품이 4차 조기상환평가일(2019.6.1.)에 조기상환되는 경우 고객에게 지급하는 수익률은 총 12%가 된다고 설명하였다.
⑤ B상품은 기간 중 낙인이 발생하고 조기상환이 되지 않은 경우라도 2년 후 만기 시에 주가지수가 기준가격 대비 60% 이상이면 원본과 수익을 지급한다고 설명하였다.

정답 › ⑤
해설 › B상품은 기간 중 낙인이 발생하고 조기상환이 되지 않은 경우라면 만기 시(2019.2.1.)에 주가지수가 기준가격 대비 70% 이상이 되어야만 원본과 수익을 지급한다.

02 위 사례에서 A상품, B상품, C상품의 손익구조에 대한 설명으로 옳은 것은?

① A상품은 ELB 발행사의 부도위험 이외에는 손익구조상 원본손실 위험은 없는 상품이다.
② B상품은 투자기간 중 낙인이 발생하면 손실이 확정되는 상품이다.
③ C상품은 주가지수가 많이 상승할수록 수익률이 높아지는 상품이다.
④ C상품은 주가지수가 하락하면 손실이 발생하는 상품이다.
⑤ A상품은 주가지수가 많이 하락할수록 수익률이 높아지는 상품이다.

정답 › ①
해설 › B상품은 기간 중 낙인이 발생되어도 손실이 확정되는 것은 아니며, C상품은 주가지수가 베리어 이상 상승하면 낙아웃되는 상품이다. 그리고 A상품과 C상품은 원보보존형 상품이며, A상품은 범위형 상품으로 주가지수가 일정 범위 내에 있어야 수익이 발생하는 상품이다.

03 위 사례에서 B상품에 투자한 나대한 씨의 투자결과에 대한 설명으로 옳은 것은?

① B상품은 1차 조기상환평가일에 조기상환이 확정되었다.
② B상품은 기간 중 낙인이 발생하여 손실이 확정되었다.
③ B상품은 2차 조기상환평가일에 조기상환이 확정되었다.
④ B상품은 3차 조기상환평가일에 조기상환이 확정되었다.
⑤ B상품은 기간 중 낙인이 발생하였으므로 이후에는 조기상환되지 않고, 최종 만기일의 주가지수(2020.2.1.)를 가지고 투자손익을 판단하게 된다.

정답 › ④

해설 › B상품은 2018년 4월 낙인이 되었다. 1차(기준가격 대비 95% 이상) 및 2차(기준가격 대비 90% 이상) 조기상환 평가일에는 주가지수가 조기상환 베리어에 미달하여 조기상환되지 않았고, 3차 조기상환평가일(2019.2.1.)에 조기상환이 확정되었다.

단답형

04 위 사례에서 C상품에 투자한 나대한 씨가 1년 후 만기 시에 받게 될 투자수익률은 얼마인가?

정답 › 1%

해설 › C상품은 기간 중 낙아웃(10% 초과 상승)이 발생하였으므로 리베이트 1.0%를 받게 된다.

05 위 사례에서 A상품과 같이 "기초자산이 특정 구간에 있을 때만 일정한 수익을 받고 그 외의 구간에서는 수익이 없는 수익구조"를 무엇이라고 하는가?

정답 › 레인지(range)형

해설 › 레인지형이란 기초자산이 특정 구간에 있을 때만 일정한 수익을 받고 그 외의 구간에서는 수익이 없는 수익구조를 말한다.

약술형

06 위 사례에서 B상품 및 C상품의 수익구조에서 각각 활용되고 있는 '낙인(KI) 옵션'과 '낙아웃(KO) 옵션'의 차이점을 약술하시오.

정답 › 기초자산 가격이 일정 수준(barrier)에 도달하면 새로운 손익구조가 생기는 것을 낙인 옵션이라고 하고, 기초자산 가격이 일정 수준(barrier)에 도달하면 기존의 손익구조가 사라지는 것을 낙아웃 옵션이라고 한다.

사례 8 | 금융상품 및 투자분석

질문을 위한 기본정보

나대한 사장은 그동안 모아둔 여유자금 3억 원을 가지고 투자상품에 가입하는 것을 고민하고 있던 중에 지인으로부터 소개를 받은 삼청은행 CPB 홍길동 대리와 투자상담을 하게 되었다. 투자상담 후 나대한 사장은 홍길동 대리가 추천한 A, B, C 상품에 각각 1억 원씩 나누어 투자하기로 결정 하였는데, 시장상황 및 각 상품별 특징은 다음과 같다.

Ⅰ. 금융시장 동향

- 주식시장: 국내 주가지수는 지난 6개월 동안 조정을 받아 이전 고점 대비 약 10% 이상 하락한 상황에서 최근 주가지수는 2,700~3,000P 범위에서 박스권 등락을 반복하고 있다.
- 금리시장: 기준금리는 크게 변화가 없는 상황에서 주요 경제지표 및 기업실적이 조금씩 호전되어 신용 스프레드가 소폭 하락하고 있다.

Ⅱ. 투자상품 현황

① A상품: '원본보존형 ELB' 수익구조 개요

기초자산 주가지수	KOSPI200
수익구조	기초자산(KOSPI200) 주가지수가 만기 평가일 종가기준으로 기준가격 대비 10%를 초과하여 하락하지 않으면 연 8%를 지급하는 구조
ELS발행일(기준가격)	2020.4.1.(종가), KOSPI200 종가는 200P로 가정
만기가격 평가일	2021.4.1.(종가)

② B상품: '원본보존형 ELB' 손익구조 및 상환조건 개요

기초자산 주가지수	KOSPI200
수익구조	기초자산(KOSPI200) 주가지수가 만기 평가일 종가기준으로 기준가격 대비 85~115% 구간에 있는 경우 연 5%를 지급하는 구조
ELS발행일(기준가격)	2020.4.1.(종가), KOSPI200 종가는 200P로 가정
만기가격 평가일	2021.4.1.(종가)

③ C상품: 주식형펀드

펀드 구분	국내 주식형펀드		
펀드 유형	가치주 펀드		
기준가격 적용일	2020.4.1.(펀드 기준가격 1,000)		
벤치마크	KOSPI200		
투자기간	1년(2021.4.1. 종가기준을 적용한다)		
베타	0.9	샤프지수(Sharpe Ratio)	1.1
표준편차	11%	젠센의 알파(Jensen's alpha)	0.5

④ 투자 후 국내 주가지수(KOSPI200) 현황: 2021.4.1. 종가기준 KOSPI200 지수는 240P로 마감되었다.

선다형

01 **위 사례에서 1년 후 A상품과 B상품에서 나대한 씨가 지급받게 될 투자수익률에 대한 설명으로 옳은 것은?**

① A상품의 수익률은 연 8%이고, B상품의 수익률은 0%이다.
② A상품의 수익률은 연 8%이고, B상품의 수익률은 연 5%이다.
③ A상품의 수익률은 연 8%이고, B상품의 수익률은 연 20%이다.
④ A상품의 수익률은 연 20%이고, B상품의 수익률은 연 5%이다.
⑤ A상품의 수익률은 연 0%이고, B상품의 수익률은 연 5%이다.

정답 › ①
해설 › A상품의 수익률은 연 8%이고, B상품은 주가지수가 수익구조 범위를 초과하여 상승하였기 때문에 수익률은 0%이다.

02 **위 사례에서 1년 후 C상품(주식형펀드)에서 예상되는 투자수익률은 얼마인가? (단, 1년 후 C펀드의 베타는 0.9, 샤프지수는 1.1로 변동이 없다고 가정한다.)**

① 9%
② 11%
③ 18%
④ 20%
⑤ 22%

정답 › ③
해설 › C펀드의 베타는 0.9로 변동이 없는 상황에서 시장지수(KOSPI200)가 20% 상승하였으므로 C펀드의 예상수익률은 18%(20% × 0.9 = 18%)가 된다.

03 위 사례에서 C상품의 투자위험 및 위험조정성과지표에 대한 설명으로 옳지 않은 것은?

① 표준편차는 각 자료의 값이 평균값으로부터 얼마나 떨어져 있는지를 측정한 값을 의미하는데 투자에서 표준편차는 투자위험인 변동성을 말한다.
② 표준편차는 '총위험'이라고 하며, 이를 절대적 위험지표(absolute risk)로 활용한다.
③ 펀드를 선정할 때 다른 조건이 일정하다면 표준편차의 값이 작을수록 우수한 펀드라고 할 수 있다.
④ 베타는 펀드수익률과 벤치마크 수익률 또는 시장수익률 간의 상대적인 민감도를 의미하는 것으로서 투자에서는 상대적 위험지표라고 한다.
⑤ '젠센의 알파' 값이 낮을수록 상대적으로 성과가 우수한 펀드라고 할 수 있다.

정답 › ⑤
해설 › '젠센의 알파' 값이 높을수록 상대적으로 성과가 우수한 펀드라고 할 수 있다.

단답형

04 위 사례에서 A상품과 같이 수익구조가 '0' 또는 '1'인 옵션의 수익구조를 무엇이라고 하는가?

정답 › 디지털 또는 디지털 옵션
해설 › 상승형이든 하락형이든 수익구조가 0 또는 1인 구조로서 일정한 조건에 따라 쿠폰(제시수익률)을 받거나 받지 못하는 수익구조를 디지털(digital)옵션이라고 한다.

05 **펀드 실현수익률에서 시장이 균형하에서의 기대수익률을 차감하여 산출하는 지표로서 시장이 균형상태라는 가정하에서 베타의 위험을 가지는 포트폴리오의 기대수익률에 비하여 투자펀드의 수익률이 더 높았는지 아니면 더 낮았는지를 평가하는 위험조정성과지표를 무엇이라고 하는가?**

정답 〉 젠센의 알파

해설 〉 젠센의 알파는 펀드의 실제수익률이 시장의 균형을 가정한 경우의 기대수익률보다 얼마나 높은지를 구하는 성과지표로서, 펀드 실현수익률에서 시장의 균형하에서의 기대수익률을 차감하여 산출한다. 즉, 시장이 균형상태라는 가정하에서 베타의 위험을 가지는 포트폴리오의 기대수익률에 비하여 투자펀드의 수익률이 더 높았는지 아니면 더 낮았는지를 평가하는 지표라고 할 수 있다.

약술형

06 **위 사례의 C펀드(주식형펀드)에서 제시하고 있는 샤프지수(Sharpe Ratio)의 의미와 산출방법을 약술하시오.**

정답 〉 샤프지수는 펀드가 일정 투자기간에 총위험 1단위를 감수하면서 무위험이자율을 초과하여 달성한 수익률을 나타내는 것으로, 샤프지수가 높을수록 상대적으로 펀드 성과가 좋다는 것을 의미한다. 샤프지수는 펀드수익률에서 무위험이자율을 차감한 초과수익률을 펀드의 총위험(표준편차)으로 나누어 산출한다.

포트폴리오 설계

[사례 9] ~ [사례 13]

사례 9 | 포트폴리오 설계

질문을 위한 기본정보

천안에 거주하고 있는 나대한 씨는 은퇴자산 형성을 위해 안정적인 포트폴리오를 구축하기를 원하고 있다. 나대한 씨의 위험감수성향은 안정형이며, 일정 부분의 위험은 허용하지만 투자원금이 보호되는 자산에 투자하기를 원하고 있다.

Ⅰ. 가족사항

- 본인: 나대한(1972년생, 직장인)
- 배우자: 김장미(1975년생, 전업주부)
- 아들: 나가을(2002년생, 고등학생)

Ⅱ. 재무목표

- 아들 대학 교육자금 마련
- 은퇴자산 형성
- 상가나 오피스텔 등 수익성 부동산 투자자금 마련

선다형

01 **나대한, 김장미 씨 부부의 재무목표 달성을 위한 세후투자수익률은 연 5%이며, 자산별 기대수익률은 다음과 같다. 나대한, 김장미 씨 부부가 주식·채권으로 목표달성을 위한 포트폴리오를 다음과 같이 구성할 때 이에 대한 설명으로 적절하지 않은 것은?**

(단위: %)

자산	세후기대수익률	표준편차	투자비중	상관계수
주식	8	10	50	주식, 채권 0.0
채권	2	2	50	

① 주식과 채권의 투자비중은 적절한 수준이다.
② 포트폴리오 수익률의 표준편차는 5.10%이다.
③ 68.27%의 확률구간으로 1년 후 나타날 수 있는 수익률 구간을 예측하면 –5.2~15.2%이다.
④ 목표수익률을 6%로 상향하면 포트폴리오의 위험은 증가한다.
⑤ 주식과 채권의 투자비중을 75%와 25%로 설정하면 포트폴리오 기대수익률은 6.5%로 상승한다.

정답 › ③
해설 › 포트폴리오 기대수익률은 5%이고 표준편차는 5.10%이다.
실제수익률이 '평균 ± 1표준편차' 구간 안에 위치할 확률은 68.27%이므로 수익률 구간은 –0.10~10.10%이다.

02 **나대한, 김장미 씨 부부의 포트폴리오 기대수익률이 5.0%, 표준편차가 5.1%인 경우 다음 설명 중 적절하지 않은 것은?(단, 수익률은 정규분포를 가정함)**

① 용인하고자 하는 포트폴리오 최저수익률이 0%인 경우 표준정규변수 Z_α은 –0.98이다.
② 95% 신뢰수준을 선택하는 경우 Z_α = -1.65이다.
③ 99% 신뢰수준을 선택하는 경우 Z_α = -2.33이다.
④ 용인하고자 하는 포트폴리오 최저수익률이 –3%인 경우 최저수익률 이상 달성할 가능성이 95% 이상이다.
⑤ 95% 신뢰수준보다 99% 신뢰수준을 선택하면 포트폴리오 최저수익률이 더 낮아져야 한다.

정답 › ④

해설 › $Z_\alpha = \dfrac{r^* - E(r)}{\sigma}$

$E(r)$: 평균수익률

σ : 수익률 표준편차

95% 신뢰수준을 선택할 경우 '평균수익률 − 1.65 × 표준편차 = 5% − 8.415% = −3.415%'가 된다. 또한 포트폴리오 최저수익률이 −3%인 경우 'Z_α = (−3% − 5%)/5.1% = −1.5686'으로 −1.65 이상으로 나타나 최저수익률 이상 달성할 가능성이 95% 미만임을 알 수 있다.

03 **나대한 씨가 가입하고 있는 주식형펀드의 최근 3년간 성과평가 자료를 통해 분석한 위험조정 성과평가 척도에 대한 설명으로 가장 적절한 것은?**

※ 무위험이자율: 2.0%, 벤치마크 실현수익률: 10%

펀드	실현수익률(%)	수익률 표준편차(%)	베타
A펀드	9	15	0.9
B펀드	10	17	1.0
C펀드	11	20	1.2

① 트레이너지수를 기준으로 성과가 가장 우수한 펀드는 B펀드다.
② 젠센의 알파를 기준으로 성과가 가장 우수한 펀드는 A펀드다.
③ 샤프지수를 기준으로 성과가 가장 저조한 펀드는 A펀드다.
④ 젠센의 알파는 세 펀드 모두 음수이다.
⑤ 트레이너지수는 총위험 대비 초과수익률로 계산된다.

정답 › ①

해설 › 베타를 고려한 기대수익률 = 무위험이자율 + β×(벤치마크 수익률 − 무위험이자율)

펀드	기대수익률	젠센의 알파 (실현수익률 − 기대수익률)	샤프지수 (실현수익률 − 무위험수익률)/표준편차	트레이너지수 (실현수익률 − 무위험수익률)/베타
A펀드	9.20%	−0.20%	0.4667	0.0778
B펀드	10.00%	0.00%	0.4706	0.0800
C펀드	11.60%	−0.60%	0.4500	0.0750

- 젠센의 알파를 기준으로 성과가 가장 우수한 펀드는 B펀드다.
- 샤프지수를 기준으로 성과가 가장 저조한 펀드는 C펀드다.
- 두 펀드의 젠센의 알파가 음수이다.
- 트레이너지수는 체계적위험 대비 초과수익률로 계산된다.

단답형

04 **나대한 씨는 A주식펀드를 보유하고 있다. 다음 자료와 증권시장선을 이용하여 A주식펀드의 기대수익률을 구하시오.**

주식시장 수익률의 표준편차: 12%
주식시장 기대수익률: 8%
A주식펀드 수익률의 표준편차: 15%
주식시장 수익률과 A주식펀드 수익률의 상관계수: 0.95
무위험이자율: 3%

정답 8.9375%

해설 A주식펀드 베타 = 0.15/0.12 × 0.95 = 1.1875

$$\beta_i = \frac{Cov_{im}}{\sigma_m^2} = \frac{\sigma_i}{\sigma_m} \times \rho_{im}$$

Cov_{im} : i자산 수익률과 시장포트폴리오 수익률의 공분산

σ_m^2 : 시장포트폴리오 수익률의 분산

σ_i : i자산 수익률의 표준편차

σ_m : 시장포트폴리오 수익률의 표준편차

ρ_{im} : i자산 수익률과 시장포트폴리오 수익률의 상관계수

A주식펀드의 기대수익률 = 무위험이자율 + β×(주식시장 기대수익률 − 무위험이자율)
= 3% + 1.1875 × (8% − 3%) = 8.9375%

05 **다음은 2년에 걸친 ETF 주식투자 내역이다. 연간 기하평균 시간가중수익률은?**

시점	1주당 가격	1주당 현금배당금
0	10,000	
1	11,000	100
2	12,500	150

※ 현금배당금은 재투자하지 않는 것으로 가정함

정답 › 12.98%

해설 › 기하평균 시간가중수익률 = [(1+1기 수익률 11,100/10000 = 11%)×(1+2기 수익률 12,650/11,000 = 15%)]$^{1/2}$−1 = (1.11×1.15)$^{1/2}$−1 = 0.1298 = 12.98%

약술형

06 **나대한 씨는 A주식펀드 성과보고서를 보고 있는데 정보비율이라는 용어를 처음 보게 되었다. 위험조정성과평가 지표인 정보비율에 대해 약술하시오.**

정답 › 정보비율(Information ratio; IR)이란 샤프척도와 달리 벤치마크를 이용한 평가방법이다.
펀드를 평가할 때 펀드의 수익률과 벤치마크수익률의 차이를 분자로 하고, 이 두 가지 수익률의 차이가 얼마나 변동하였는가 하는 트래킹에러(추적오차) 표준편차를 분모로 하여 계산하면 정보비율이 산출된다.
정보비율이 높을수록 투자성과가 우수한 펀드라고 해석할 수 있다.

사례 10 | 포트폴리오 설계

질문을 위한 기본정보

서울 송파구에 거주하는 나대한 씨는 신중한 성격의 소유자다. 나대한 씨의 위험감수성향은 중립형이며, 자신이 원하는 기대수익을 내기 위해 어느 정도의 원금 손실은 인정하지만 많은 위험을 허용하지는 않는다.

Ⅰ. 가족사항

- 본인: 나대한(1965년생, 개인사업자)
- 배우자: 김장미(1968년생, 임대사업자)
- 자녀: 나민서(1996년생, 대학생)

Ⅱ. 재무목표

- 자녀 유학자금 마련
- 은퇴자산 형성

선다형

01 나대한 씨는 주식형펀드에 투자하고 있는데, 수익률이 상승하자 펀드에 추가로 투자하였다. 2년에 걸친 주식형 펀드의 기준가와 입금 내역이 다음과 같을 때 시간가중수익률은?

(단위: 원, %)

연도	기준가	기간 수익률	입금	잔고좌수	평가금액
0	1,000	-	10,000,000	10,000,000	10,000,000
1	1,200	+20	120,000,000	110,000,000	132,000,000
2	1,080	-10		110,000,000	118,800,000

① -8.05%
② -5.00%
③ +3.92%
④ +5.00%
⑤ +10.00%

정답 › ③

해설 › 시간가중수익률은 기간수익률을 기하학적으로 연결하여 계산한다.

시간가중수익률 = $(1.20 \times 0.90)^{1/2} - 1 = 0.03923 = 3.92\%$

참고로 금액가중수익률은 현금흐름을 재무계산기나 엑셀에 입력하고 IRR함수를 통해 계산하면 된다. 다음은 엑셀로 금액가중수익률을 구하는 방법이다.

	A
1	- 10,000,000
2	- 120,000,000
3	118,800,000
4	=IRR(A1:A3)

위와 같이 입금은 (-)로, 출금이나 평가액은 (+)로 현금흐름을 입력하고 내부수익률 함수(IRR)를 이용하여 수익률을 구하면 -8.05%의 금액가중수익률이 계산된다.

02 **나대한 씨는 새로운 펀드를 찾아보고 있다. 다음과 같이 2개의 펀드를 추천받았는데, 나대한 씨는 연간 원금손실 가능성을 20% 이하로 제한하고 싶어 한다. 다음 설명이 적절한 것은?**

※ 수익률 분포는 정규분포 가정

Shortfall risk≤20% 기준을 만족하는 Z_α 값은 −0.8416

(단위: %)

펀드	기대수익률	수익률 표준편차
A	5.0	5.5
B	8.0	12.0

① 펀드 A, B 모두 Shortfall risk≤20% 기준을 충족한다.

② 펀드 A, B 모두 Shortfall risk≤20% 기준을 충족하지 못한다.

③ 펀드 A는 Shortfall risk≤20% 기준을 충족하고 있으나 펀드 B는 충족하지 못한다.

④ 펀드 B는 Shortfall risk≤20% 기준을 충족하고 있으나 펀드 A는 충족하지 못한다.

⑤ Shortfall risk≤20% 기준을 충족하려면 Z_α 값이 −0.8416보다 크게 계산되어야 한다.

정답 › ③

해설 › 펀드 A의 Z_α 값 = (0−5%)/5.5% = −0.9091

펀드 B의 Z_α 값 = (0−8%)/12.0% = −0.6667

Z_α 값이 −0.8416보다 작게 계산되어야 하므로, 펀드 A는 Shortfall risk≤20% 기준을 충족하지만 펀드 B는 충족하지 못한다.

03 **다음과 같이 원화를 달러화로 환전하여 미국 국채에 투자한 경우, 이에 대한 설명으로 적절하지 않은 것은?**

> 투자금액: 원화 1.1억 원
> 투자대상: 미국 1년 만기 국채, 이자율 연 2%
> 투자당시 원달러 환율: 1,100원/달러
> 투자당시 1년 만기 선물환율: 1,100원/달러

① 1년 후 만기 원리금은 환율의 변동과 관계없이 달러기준 102,000달러이다.
② 투자 당시 선물환 거래를 통해 환위험을 헤지하였을 경우 1년 후 발생하는 원화기준 투자수익률은 2%이다.
③ 미국 국채 투자에 따른 선물환 헤지거래는 달러매입/원화매도로 해야 한다.
④ 1년 후 원/달러 환율이 1,200원/달러이고 선물환 헤지거래를 하지 않았다면 1년 후 투자를 통해 발생하는 원화기준 수익률은 2%보다 높다.
⑤ 1년 후 원/달러 환율이 1,000원/달러이고 선물환 헤지거래를 하지 않았다면 1년 후 투자를 통해 발생하는 원화기준 수익률은 2%보다 낮다.

정답 › ③
해설 › 미국 국채 투자에 따른 선물환 헤지거래는 달러매도/원화매입으로 해야 한다.

단답형

04 **나대한 씨는 현대자동차 주식에 직접 투자하는 방안을 생각하고 있다. 다음의 자료를 가지고 현대자동차 주식의 베타를 구하시오.**

> 현대자동차 주식 수익률의 표준편차: 0.10382
> KOSPI 수익률의 표준편차: 0.06333
> 현대자동차 주식 수익률과 KOSPI 수익률의 공분산: 0.00434
> 현대자동차 주식 수익률과 KOSPI 수익률의 상관계수: 0.66008

정답 › 1.0821

해설 › 현대자동차 주식의 베타는 KOSPI지수와 공분산을 이용하거나 상관계수를 이용하여 구할 수 있다.

$$\text{현대자동차 주식 베타} = \frac{\text{공분산}}{KOSPI\text{표준편차}^2} = \frac{0.00434}{0.06333^2} = 1.0821$$

또는

$$= \frac{\text{현대자동차주식 표준편차}}{KOSPI\text{표준편차}} \times \text{상관계수} = \frac{0.10382}{0.06333} \times 0.66008 = 1.0821$$

05 **다음과 같이 2개의 포트폴리오가 있고 나대한 씨의 위험회피 계수는 2이며 김장미 씨의 위험회피 계수는 8이라고 할 때 두 사람의 포트폴리오에 대한 기대효용을 설명하시오.**

포트폴리오	고객의 예상치	
	기대수익률(%)	수익률 표준편차(%)
A	10.0	15
B	6.0	8

정답 › 나대한 씨는 포트폴리오 A의 기대효용이 크며, 김장미 씨는 포트폴리오 B의 기대효용이 크다.

해설 › - 나대한 씨의 기대효용

$$U_A = E(R_A) - 0.5\times2\times\sigma_A^2 = 0.10 - 0.5\times2\times(0.15)^2 = 0.0775 = 7.75\%$$

$$U_B = E(R_B) - 0.5\times2\times\sigma_B^2 = 0.06 - 0.5\times2\times(0.08)^2 = 0.0536 = 5.36\%$$

- 김장미 씨의 기대효용

$$U_A = E(R_A) - 0.5\times8\times\sigma_A^2 = 0.10 - 0.5\times8\times(0.15)^2 = 0.01 = 1.00\%$$

$$U_B = E(R_B) - 0.5\times8\times\sigma_B^2 = 0.06 - 0.5\times8\times(0.08)^2 = 0.0344 = 3.44\%$$

∴ 따라서 나대한 씨는 포트폴리오 A의 기대효용이 크며, 김장미 씨는 포트폴리오 B의 기대효용이 크다.

약술형

06 **나대한 씨는 신중한 성격이어서 과거 경험을 중시하는 경향이 있다. 그러다 보니 오히려 휴리스틱(heuristic)에 의해 편향을 가질 수 있다는 설명을 CPB가 하고 싶어 한다. 이러한 휴리스틱에 대해 약술하시오.**

정답 › 휴리스틱이란 시간이나 정보가 불충분하여 합리적인 판단을 할 수 없거나 굳이 체계적이고 합리적인 판단을 할 필요가 없는 상황에서 사람들이 신속하게 사용하는 어림짐작을 말한다.
휴리스틱을 이용하면 대부분의 경우 만족스러운 해답을 큰 노력을 기울이지 않고 빨리 얻을 수 있다는 장점이 있다. 그러나 완벽한 해답이 아니므로 경우에 따라서는 큰 실수를 하게 되는 원인이 되기도 한다.

사례 11 | 포트폴리오 설계

질문을 위한 기본정보

인천 연수구에 거주하는 나대한 씨는 안정적인 자산증식을 원하고 있다. 나대한 씨의 위험감수성향은 안정형이며, 다소의 위험을 감수하나 안정성 위주의 투자 결정을 하고 있다.

Ⅰ. 가족사항

- 본인: 나대한(1978년생, 회사원)
- 배우자: 김장미(1977년생, 회사원)
- 자녀: 나가을(2007년생, 중학생)

Ⅱ. 재무목표

- 자녀 교육자금 마련
- 주택구입자금 마련
- 자동차 할부금 조기상환

선다형

01 **나대한 씨는 A채권을 구입하고자 하는데 채권의 듀레이션이 위험을 나타내는 지표라고 들었다. 다음의 자료를 가지고 A채권의 듀레이션을 구하면?**

※ 표면이자율 5%, 만기 3년, 1년 단위 이자후급, 시장수익률 6%

t	미래현금흐름	현재가치	현재가치 비중	t×비중
1	500	471.698	0.0485	
2	500	444.998	0.0457	
3	10,500	8,816.002	0.9058	
합계		9,732.699		

① 2.7174
② 2.8573
③ 2.9564
④ 3.0000
⑤ 3.1523

정답 › ②

해설 › 현재가치 비중에 기간(t)을 곱한 다음 합계를 내면 듀레이션을 구할 수 있다.

t	미래현금흐름	현재가치	현재가치 비중	t×비중
1	500	471.698	0.0485	0.0485
2	500	444.998	0.0457	0.0914
3	10,500	8,816.002	0.9058	2.7174
합계		9,732.699		2.8573

02 **나대한 씨는 인덱스 수익률의 표준편차를 구하기 위해 분기 자료를 구하였다. 다음의 분기 자료를 가지고 연간 수익률 표준편차를 계산하시오.**

S&P500 분기 수익률 표준편차: 10.00%(0.1000)
KOSPI200 분기 수익률 표준편차: 12.00%(0.1200)

① S&P500: 15.00%, KOSPI200: 16.00%
② S&P500: 17.50%, KOSPI200: 19.00%
③ S&P500: 20.00%, KOSPI200: 24.00%
④ S&P500: 30.00%, KOSPI200: 36.00%
⑤ S&P500: 40.00%, KOSPI200: 48.00%

정답 › ③
해설 › 연간 수익률 표준편차 = 분기 수익률 표준편차 $\times \sqrt{4}$

03 **다음은 나대한, 김장미 씨 부부의 자산배분전략 성과분석을 위해 조사한 자료다. 이에 대한 설명이 적절하지 않은 것은?**

(단위: %)

구분	실제 포트폴리오		벤치마크(전략적 자산배분)	
	투자비중	수익률	투자비중	수익률
주식	30	9.00	40	8.00
채권	30	4.00	20	3.00
부동산	40	3.00	40	4.00
합계	100	5.10	100	5.40

① 주식의 자산배분 효과는 음수다.
② 채권의 자산배분 효과는 음수다.
③ 주식의 증권선택 효과는 양수다.
④ 채권의 증권선택 효과는 양수다.
⑤ 부동산의 증권선택 효과는 양수다.

정답 › ⑤

해설 › - 주식 자산배분효과 = (포트폴리오 투자비중 - 벤치마크 투자비중) × (벤치마크 주식수익률 - 벤치마크 총수익률) = (30% - 40%) × (8.00% - 5.40%) = -0.26%
- 채권 자산배분효과 = (30% - 20%) × (3.00% - 5.40%) = -0.24%
- 부동산 자산배분효과 = (40% - 40%) × (4.00% - 5.40%) = 0.00%
- 주식 증권선택효과 = (포트폴리오 수익률-벤치마크 수익률) × 포트폴리오 투자비중
= (9.00% - 8.00%) × 30% = 0.30%
- 채권 증권선택효과 = (4.00% - 3.00%) × 30% = 0.30%
- 부동산 증권선택효과 = (3.00% - 4.00%) × 40% = -0.40%

구분	자산배분효과(%)	증권선택효과(%)
주식	-0.26	0.30
채권	-0.24	0.30
부동산	0.00	-0.40
합계	-0.50	0.20

단답형

04 나대한 씨가 구입한 주식펀드 100억 원을 운용하는 펀드매니저가 99% 신뢰수준의 연간 VaR 값을 추정하고자 한다. 주식펀드 수익률의 연간 기댓값(평균 수익률)은 10%이며, 수익률의 연간 표준편차는 15%이다(수익률 분포는 정규분포 가정). 이 펀드의 99% 연간 VaR 값은?

정답 › -24.95억 원

해설 › $99\% VaR = W_0 \times [E(r) + Z_\alpha \times \sigma]$

$= 100 \times (0.1 + (-2.33) \times 0.15)$

$= 100 \times (-.2495) = -24.95(\text{억 원})$

99% VaR 값은 평균에 표준편차의 2.33배를 뺀 값으로 계산한다.

05 **포트폴리오의 기대수익률이 6%이고 표준편차가 6%인 경우 68.27%의 확률구간을 갖는 수익률 구간을 제시하시오(단, 수익률 분포는 정규분포 가정).**

정답 › 0%~12%

해설 › 기대수익률(평균)에 표준편차의 1배를 더하거나 빼면 일정한 수익률 구간이 생성된다. 실제수익률이 '평균 ± 1표준편차' 구간 안에 위치할 확률은 68.27%이다. '평균 ± 2 × 표준편차' 구간은 95.45%의 확률을 가지며, '평균 ± 3 × 표준편차' 구간은 99.73%의 확률을 가진다.

약술형

06 **나대한 씨가 여러 펀드에 분산투자한 결과 펀드를 운용하는 펀드매니저나 자산운용회사의 투자철학이 저마다 다르고 투자철학에 따라 운용실적이 다르다는 것을 발견하였다. 나대한 씨에게 설명할 투자철학에 대해 약술하시오.**

정답 › 투자철학이란 투자 의사결정을 이끄는 일련의 신념과 원칙이다. 투자철학은 펀드매니저나 자산운용사의 투자운용 특징을 나타낸다. 장기적으로 성공을 거둔 대부분의 펀드매니저는 지속적으로 투자철학을 개발하고 개선하며 단기적으로 시장 상황이 변화하더라도 투자철학을 쉽게 바꾸지 않는다.

시장에서 대표적인 투자철학은 가치투자 철학, 성장투자 철학, 기본적 투자 철학, 기술적 투자 철학, 사회책임투자 철학 등이 있다.

사례 12 | 포트폴리오 설계

질문을 위한 기본정보

나대한 씨는 ICT업에 종사하는 개인사업자이고 김장미 씨(48세)는 현재 전업주부이다. 나대한씨 부부는 안정적인 가정을 꾸리기를 희망하고 있으며, 자녀의 독립을 위해 목돈 마련에 신경 쓰고자 한다. 나대한 씨는 투자설계에 대한 자문을 얻기 위해 삼청은행 홍길동 CPB에게 상담을 의뢰하였다.

Ⅰ. 가족사항

- 나대한(55세): 남편, 개인사업자로 연 수입 150,000천 원
- 김장미(48세): 부인, 전업주부
- 나가을(20세): 나대한 씨 아들, 올해 대학교 2학년이 됨, 발달장애 3급
- 봄(17세): 김장미 씨 딸, 올해 고등학교 2학년이 됨

Ⅱ. 투자정보

구분	재무목표	
	은퇴자금	결혼자금 및 교육자금
세후목표(기대)수익률(%)	5.0	4.0

※ 자산별 세후기대수익률

구분	자산		
	주식	채권	상관계수
세후목표(기대)수익률(%)	8.0	3.0	주식과 채권 0.0
수익률 표준편차(%)	12.0	1.0	

선다형

01 나대한, 김장미 씨 부부의 은퇴자금과 자녀결혼자금 및 교육자금의 마련을 위해 위험을 최소화하면서 재무목표를 달성하기 위한 포트폴리오 구성안으로 가장 적절한 것은?

	포트폴리오 구성안	은퇴자금	결혼자금 및 교육자금
①	주식 채권	20% 80%	10% 90%
②	주식 채권	30% 70%	20% 80%
③	주식 채권	40% 60%	20% 80%
④	주식 채권	50% 50%	30% 70%
⑤	주식 채권	60% 40%	40% 60%

정답 › ③

해설 › 위험을 최소화하려면 되도록 위험이 큰 주식의 비중을 적게 가지고 가면서 재무목표를 달성할 수 있는 포트폴리오를 구성하는 것이 바람직하다.

A를 주식투자 비중이라고 하면, 1-A는 채권의 투자비중이 된다.

- 은퇴자금의 목표수익률 5%

  8%×A+3%×(1-A) = 5%, 8%×A+3%-3%×A = 5%, 5%×A = 5%-3% = 2%

  ∴ 주식의 비중 A = 2%/5% = 40%, 채권의 비중 = 1-40% = 60%

- 교육, 결혼자금의 목표수익률 4%

  8%×A+3%×(1-A) = 4%, 8%×A+3%-3%A = 4%, 5%×A = 4%-3% = 1%

  ∴ 주식의 비중 A = 1%/5% = 20%, 채권의 비중 = 1-20% = 80%

02 **나대한, 김장미 씨 부부가 주식과 채권에 각각 50%씩 배분한 포트폴리오의 기대수익률과 표준편차는?**

	기대수익률	표준편차
①	5.5%	6.02%
②	5.5%	6.50%
③	6.0%	6.50%
④	6.0%	6.02%
⑤	5.5%	5.50%

정답 › ①

해설 › - 포트폴리오 기대수익률 = Σ(개별자산 기대수익률 × 개별자산 투자비중)

= 8%×0.5+3%×0.5 = 5.5%

- 포트폴리오 위험 = $\sqrt{(W_A\sigma_A)^2+(W_B\sigma_B)^2+2\times W_A\sigma_A W_B\sigma_B\times\rho_{AB}}$

= $\{(0.5\times0.12)^2+(0.5\times0.01)^2+2\times0.5\times0.12\times0.5\times0.01\times0\}^{1/2}$

= 0.060208 = 6.02%

03 나대한 씨가 가입한 주식형 A펀드에 관한 다음 자료를 참고할 때 무위험수익률이 3%일 경우 A펀드의 젠센의 알파, 샤프지수, 트레이너지수, 정보비율을 구할 경우 적절한 것은?

벤치마크 수익률	실현수익률	A펀드 베타	A 펀드 수익률의 표준편차	추적오차 표준편차
10%	12.5%	1.5	9.0%	2.5%

① A펀드의 젠센의 알파는 -1.0%이다.
② A펀드의 샤프지수는 0.75이다.
③ A펀드의 트레이너지수는 0.07이다.
④ A펀드의 정보비율은 1.50이다.
⑤ A펀드의 요구수익률은 11.0%이다.

정답 › ①

해설 › - 젠센의 알파 = 실현수익률(12.5%) - 요구수익률(13.5%) = -1.0%
- A 펀드의 요구수익률 = 3% + 1.5 × (10% - 3%) = 13.5%
- 샤프지수 = (실현수익률 - 무위험수익률)/표준편차 = (12.5% - 3%)/9% = 1.056
- 트레이너지수 = (실현수익률 - 무위험수익률)/베타 = (12.5% - 3%)/1.5 = 0.063
- 정보비율 = (실현수익률 - 벤치마크수익률)/추적오차 표준편차 = 2.5%/2.5% = 1.0

단답형

04 다음 자료를 가지고 테일러 준칙에 따른 적정명목기준금리를 예측한다면 몇 %가 적정한가?

> 시장의 명목기준금리: 3.5%
> 예상 인플레이션율: 4.0%, 목표 인플레이션율 2.0%
> 예상 GDP성장률: 1.0%, 잠재 GDP성장률: 2.0%

정답 › 4.00%

해설 › 적정명목기준금리 = 명목기준금리 + 0.5 × 인플레이션갭 + 0.5 × GDP갭
= 3.5% + 0.5 × (4.0% - 2.0%) + 0.5 × (1% - 2.0%)
= 4.0%

05 나대한, 김장미 씨 부부의 지난해 전략적 자산배분과 실제 포트폴리오 내용은 다음과 같다. 성과평가 자료를 통해 분석한 전체 자산배분효과와 전체 증권선택효과는?

(단위: %)

구분	실제 포트폴리오		벤치마크 (전략적 자산배분)	
	투자비중	수익률	투자비중	수익률
주식	20	10.00	30	8.00
채권	40	4.00	30	4.00
부동산	40	4.50	40	5.00
합계	100	5.40	100	5.60

정답 › 전체 자산배분효과 = −0.40%, 전체 증권선택효과 = +0.20%

해설 › - 주식 자산배분효과 = (포트폴리오 투자비중 − 벤치마크 투자비중) × (벤치마크 주식수익률 − 벤치마크 총수익률)
= (20% − 30%) × (8.00% − 5.60%) = −0.24%

- 채권 자산배분효과 = (40% − 30%) × (4.00% − 5.60%) = −0.16%
- 부동산 자산배분효과 = (40% − 40%) × (5.00% − 5.60%) = 0.00%
- 주식 증권선택효과 = (포트폴리오 수익률 − 벤치마크 수익률) × 포트폴리오 투자비중
= (10.00% − 8.00%) × 20% = 0.40%
- 채권 증권선택효과 = (4.00% − 4.00%) × 40% = 0.00%
- 부동산 증권선택효과 = (4.50% − 5.00%) × 40% = −0.20%

(단위: %)

구분	자산배분효과	증권선택효과
주식	−0.24	0.40
채권	−0.16	0.00
부동산	0.00	−0.20
합계	−0.40	0.20

※ 다음과 같이 간략히 전체 자산배분효과와 전체 증권선택효과를 구할 수도 있다.

전략적 자산배분 수익률 = 전략적 자산배분 비중 × 벤치마크 수익률 = 5.60%

전술적 자산배분 수익률 = 전술적 자산배분 비중 × 벤치마크 수익률 = 0.2 × 8.0% + 0.4 × 4.0% + 0.4 × 5.0% = 5.20%

실제 포트폴리오 수익률 = 전술적 자산배분 비중 × 실제투자 수익률 = 0.2 × 10.0% + 0.4 × 4.0% + 0.4 × 4.5% = 5.40%

전체 자산배분효과 = 전술적 자산배분 수익률 − 전략적 자산배분 수익률 = 5.20% − 5.60% = −0.40%

전체 증권선택효과 = 실제 포트폴리오 수익률 − 전술적 자산배분 수익률 = 5.40% − 5.20% = +0.20%

약술형

06 **홍길동 CPB는 나대한 씨가 손실회피성향이 강하다고 생각하여 행동경제학의 전망이론을 설명하고자 한다. 전망이론에 따른 가치함수의 3가지 특성을 약술하시오.**

정답 〉 전망이론에 따른 가치함수의 3가지 특성은 다음과 같다.

첫째, 준거점 의존성이다. 가치는 준거점으로부터의 변화 또는 비교에 의해 측정된다.

둘째, 민감도 체감성이다. 이익이나 손실의 규모가 작을 때는 변화에 민감하지만, 규모가 커짐에 따라 변화에 대한 가치의 민감도는 감소한다.

셋째, 손실회피성향이다. 사람들은 손실을 같은 금액의 이익보다 훨씬 크게 평가한다.

사례 13 | 포트폴리오 설계

질문을 위한 기본정보

전라북도 전주에 거주하고 있는 나대한, 김장미씨 부부는 최근 주택마련에 성공하였다. 이후 재무목표로 나가을의 대학 교육자금과 결혼자금 축적이 우선 재무 목표이고 은퇴자금 마련이 그 다음 재무 목표다. 나대한 씨는 재무목표 설정을 위한 포트폴리오 설계의 자문을 얻기 위해 삼청은행 전주지점 홍길동 CPB에게 상담을 의뢰하였다.

Ⅰ. 고객정보

- 본인: 나대한(전문직 종사자, 45세)
- 배우자: 김장미(전문직 종사자, 44세)
- 나가을: 아들(14세), 올해 중학교 2학년이 됨

Ⅱ. 투자정보

구분	재무목표	
	결혼자금 및 교육자금	은퇴자금
세후목표(기대)수익률(%)	4.0	6.0

※ 자산별 세후기대수익률

구분	자산		
	주식	채권	상관계수
세후목표(기대)수익률(%)	8.0	2.0	주식과 채권
수익률 표준편차(%)	12.0	1.0	0.0

선다형

01 나대한, 김장미 씨 부부의 교육자금 및 결혼자금과 은퇴자금 마련을 위해 위험을 최소화하면서 재무목표를 달성하기 위한 포트폴리오 구성안으로 가장 적절한 것은?

	포트폴리오 구성안	교육자금 및 결혼자금	은퇴자금
①	주식 채권	20% 80%	80% 20%
②	주식 채권	25% 75%	75% 25%
③	주식 채권	33.3% 66.7%	66.7% 33.3%
④	주식 채권	40% 60%	60% 40%
⑤	주식 채권	45% 55%	60% 40%

정답 › ③

해설 › 위험을 최소화하려면 되도록 위험이 큰 주식의 비중을 적게 가지고 가면서 재무목표를 달성할 수 있는 포트폴리오를 구성하는 것이 바람직하다.

A를 주식투자 비중이라고 하면, 1-A는 채권의 투자비중이 된다.

- 교육자금 및 결혼자금의 목표수익률 4%

  8%×A+2%×(1-A) = 4%, 8%×A+2%-2%×A = 4%, 6%×A = 4%-2% = 2%

  ∴ 주식의 비중 A = 2%/6% = 33.3%, 채권의 비중 = 1-33.3% = 66.7%

- 은퇴자금의 목표수익률 6%

  8%×A+2%×(1-A) = 6%, 8%×A+2%-2%×A = 6%, 6%×A = 6%-2% = 4%

  ∴ 주식의 비중 A = 4%/6% = 66.7%, 채권의 비중 = 1-66.7% = 33.3%

02 나대한, 김장미 씨 부부의 지난해 전략적 자산배분과 실제 포트폴리오 내용은 다음과 같다. 성과평가 자료를 통해 분석한 주식 자산배분효과와 채권 증권선택효과는?

(단위: %)

구분	실제 포트폴리오		벤치마크 (전략적 자산배분)	
	투자비중	수익률	투자비중	수익률
주식	50	7.00	60	8.00
채권	50	3.00	40	2.00
합계	100	5.00	100	5.60

	주식 자산배분 효과	채권 증권선택 효과
①	-0.24%	+0.50%
②	-0.13%	+0.07%
③	+0.24%	-0.50%
④	+0.13%	+0.50%
⑤	-1.00%	+1.00%

정답 › ①

해설 › 주식 자산배분효과 = (포트폴리오 투자비중 − 벤치마크 투자비중) × (벤치마크 주식수익률 − 벤치마크 총수익률) = (50% − 60%) × (8.00% − 5.60%) = -0.24%

채권 증권선택효과 = (실제 수익률 − 벤치마크 수익률) × 실제 포트폴리오 비중 = (3.00% − 2.00%) × 50% = +0.50%

03 **홍길동 CPB는 나대한 씨에게 현재 경기상황을 설명하기 위해 경제심리지수를 읽는 방법을 말하고자 한다. BSI와 CSI에 대한 다음 설명 중 적절하지 않은 것은?**

① 경제심리지수는 BSI 및 CSI 지수를 가중평균방식으로 합성한 종합심리지수다.
② BSI는 한국은행을 비롯하여 여러 기관이 월 또는 분기 단위로 BSI를 작성하고 있다.
③ CSI는 소비자들의 경제에 대한 인식을 조사하여 작성한 지표이다.
④ BSI가 3점 척도임에 비해 CSI는 5점 척도로 이루어져 있다.
⑤ CSI가 80에서 90으로 상승한 경우 긍정적인 답변을 한 소비자가 부정적인 답변을 한 소비자보다 많다는 것을 의미한다.

정답 › ⑤

해설 › CSI는 0에서 200까지의 값을 갖는데, 동 지수가 100을 초과한 경우 긍정적인 답변을 한 소비자가 부정적인 답변을 한 소비자보다 많다는 것을 의미하며 100 미만인 경우는 그 반대를 의미한다.

단답형

04 나대한 씨가 투자한 펀드가 1년간 총수익률 10%를 실현하였는데, 같은 기간 벤치마크 총수익률은 11%, 시장지수 총수익률은 9%를 실현한 경우 펀드의 스타일 기여 성과와 액티브 운용 기여 성과를 제시하시오.

정답 › 스타일 기여 성과: 2%
액티브 운용 기여 성과: -1%

해설 › 시장에서 파생된 성과: 9%
스타일 기여 성과: 벤치마크 총수익률 - 시장지수 총수익률 = 11% - 9% = 2%
액티브 운용 기여 성과: 펀드 총수익률 - 벤치마크 총수익률 = 10% - 11% = -1%

05 나대한, 김장미 씨 부부에게 홍길동 CPB는 현실의 투자에서는 정규분포보다 훨씬 낮은 음의 수익률도 많이 나타날 수 있다는 것을 설명하고자 한다. 이런 경우 설명해야 하는 통계지표는 무엇인가?

정답 › 왜도(Skewness)

해설 › 왜도(Skewness)는 수익률 분포의 평균에 대한 비대칭성 정도를 측정하는 지표다. 현실적으로 S&P500지수, 코스피지수, 나스닥지수, 니케이225지수 왜도는 모두 음수이어서 음의 수익률 꼬리가 긴 것으로 나타났다.

약술형

06 **홍길동 CPB는 나대한 씨가 주식 시황에 따라 자산배분을 자주 변경하고 싶어한다는 사실을 알고 전략적 자산배분의 중요성을 설명하고자 한다. 전략적 자산배분의 개념을 약술하시오.**

정답 〉 전략적 자산배분의 개념을 다음과 같이 설명할 수 있다.

전략적 자산배분은 객관적인 경제 분석을 근거로 장기적인 자산배분 목표를 설정하는 과정으로 포트폴리오의 목표수익률과 허용위험을 반영하여 여러 자산에 대한 투자비율을 결정하는 것을 말한다.

전략적 자산배분은 자산들의 가격이 효율적으로 평가되어 있고 투자기간말까지 투자자의 특성에 변화가 발생하지 않는다는 가정 하에서 이루어진 장기적 관점에서의 최적 자산배분을 의미한다.

Korea Banking Institute

보험설계

[사례 14] ~ [사례 16]

사례 14 | 보험설계

질문을 위한 기본정보

나대한, 김장미 씨 부부의 보험가입내역 및 가족의 전반적인 상황은 다음과 같다.

Ⅰ. 보험가입내역

상품명	계약자	피보험자	수익자	가입	보험료(월)
실손의료보험	나대한	나대한	나대한	2015. 06	118천 원
종신보험	나대한	나대한	나가을	2003. 05	430천 원
실손의료보험	김장미	김장미	김장미	2015. 06	94천 원
실손의료보험	나가을	나가을	나가을	2018. 09	75천 원
연금저축보험 (생명보험회사)	나대한	나대한	나대한	2015. 04	600천 원

※ 연금저축보험은 매년 세액공제혜택을 활용한 것으로 간주

Ⅱ. 보험상품 활용 관련 나대한, 김장미 부부의 상황

- 현재 연소득 130,000천 원의 55세 나대한 씨는 다음 달부터 임금피크제 대상에 포함되어 퇴직 전까지 급여가 감소될 예정이다.
- 아내 김장미 씨는 현재 52세로 4년 전 직장에서 퇴직, 전업주부로 생활하고 있다.
- 나대한 씨가 가입하고 있는 종신보험의 납입기간은 2023년 4월까지로 대략 2년의 기간이 남아 있다.
- 아들 나가을은 현재 25세로 대학 졸업 후 취업, 1년차 신입사원이다.

선다형

01 나대한, 김장미 씨가 가입한 보험에서 발생할 수 있는 상황에 대한 설명으로 적절하지 않은 것은?

① 나대한 씨는 실손의료보험을 가입하기 1개월 전에 회사의 정기건강검진에서 고혈압 판정을 받았는데, 가입 시 고지를 하지 않았다. 가입 1년 후 뇌졸중 발병에 따른 치료비용을 청구할 경우에 보험회사는 지급을 거절할 수 있다.

② 뇌졸중 진단을 고지하지 않은 상태에서 실손의료보험을 가입한 나대한 씨가 허리디스크 수술 및 치료에 따른 보험금을 청구할 경우, 보험회사는 고지의무 위반을 이유로 보험금 지급을 거절할 수 있다.

③ 김장미 씨가 가입 당시 설계사에게 구두로 고지한 내용이 청약서에 반영되지 않았을 경우, 보험회사는 고지의무 위반으로 계약을 해지할 수 있다.

④ 아들 나가을이 취업하여 종신보험 계약자를 나대한에서 나가을로 변경하여 보험료를 납입하다가 나대한 씨가 사망한 경우, 나가을이 납입한 보험료 부분에 해당하는 사망보험금에 대해서는 세금이 부과되지 않는다.

⑤ 종신보험을 가입하고 있는 나대한 씨 사망으로 인해 지급되는 보험금은 세법상 상속재산으로 간주한다.

정답 › ②

해설 › 고지하지 않은 사실과 보험금 지급사유에 인과관계가 없을 경우에는 보험금 지급에 영향을 미치지 못한다.

02 나대한 씨가 가입한 연금저축보험에 대한 설명으로 적절하지 않은 것은?

① 연간 납입할 수 있는 금액의 한도는 18,000천 원이다.

② 저금리 상황을 고려할 경우, 연금저축펀드 등으로 이전하여 운용할 수 있다.

③ 연소득 130,000천 원의 나대한 씨는 매년 세액공제 혜택을 4,000천 원까지 받을 수 있다.

④ 연소득 130,000천 원의 나대한 씨에게 적용되는 세액공제율은 13.2%(지방소득세 포함)이다.

⑤ 나대한 씨가 55세 이후부터 연금형태로 인출하여 활용할 때, 종신연금으로 인출방법을 선택하는 경우에는 69세까지 4.4%(지방소득세 포함)의 연금소득세가 부과된다.

정답 › ③

해설 › 연금저축에 대한 세액공제 혜택은 개인소득과 무관하게 연 600만 원으로 동일하다.

03 **나대한씨 명의로 가입하고 있는 연금저축(세제적격) 상품에 대한 설명으로 적절하지 않은 것은?**

① 개인 투자성향이 위험선호형인 경우에는 '연금저축펀드'를 선택하는 것이 합리적이다.

② 납입기간 중 세제혜택을 받은 경우에는 납입기간을 최소 5년 이상을 유지해야 세제상의 불이익(부득이한 사유 제외)을 면할 수 있다.

③ 중도해지 하는 경우에는 납입한 원금과 이자를 합산한 총액에 대해 기타소득세(16.5%)를 부과(부득이한 사유 제외)한다.

④ 나대한씨가 매년 7,200천 원 납입하는 보험료로 적립된 총금액에서 인출하는 연금금액은 연금소득종합과세를 판단하는 금액에 반영된다.

⑤ 나대한씨의 연금저축보험에 적용되는 공시이율은 가입당시 기준이 만기까지 보장되는 것은 아니다.

정답 › ④

해설 › 연금소득종합과세 기준금액 연간 15,000천 원은 개인이 납입 시 세제혜택을 받은 금액과 운용수익을 연금으로 수령하는 금액에 대해서만 판단한다. 따라서 나대한씨가 연간 6,000천 원에 대해 세액공제를 받을 수 있고, 이를 초과해서 납입하는 금액은 인출 시 과세제외 대상이기에 연금소득종합과세 기준금액에 반영되지 않는다.

단답형

04 **다음과 같은 상황에서 나대한씨 사망으로 상속이 개시될 경우, 아내인 김장미 씨가 상속인으로서 권리를 주장할 수 있는 민법상 상속지분을 산출하시오.**

나대한 씨는 2021년 1월 회사로 출근하던 중 교통사고로 사망하였다. 사망에 따른 상속절차를 위해 확인된 나대한씨 명의의 재산내역은 다음과 같다.

- 가족관계: 나대한(본인), 김장미(배우자), 나가을(아들)
- 종신보험에서 지급되는 사망보험금: 재해사망 시 800,000천 원

상기 내역 외 나대한씨 명의의 재산은 없다.

정답 351,600천 원

해설 민법상 종신보험의 사망보험금은 수익자인 나가을의 고유재산이므로 상속 재산에 포함되지 않는다. 따라서 주택 및 금융자산을 포함한 586,000천 원이 상속재산이다.

- 상속재산에 대한 법정지분: 아내 1.5, 아들 1 ⇒ 60% : 40%
- 김장미: 586,000천 원 × 60% = 351,600천 원

05 **다음은 아들 나가을 상황변화에 따라 고려해야 할 사항이다. 괄호 안에 들어갈 사항을 기재하시오.**

아들 나가을은 현재 1년차 신입사원으로 근무 중인 회사에서 외국어 실력을 인정받아 해외파견 근무 기회를 얻게 되었다. 대략 3년간의 일정으로 현지 근무를 하는 관계로 현재 가입하고 있는 금융상품 및 보험에 대해 검토 및 조정할 것을 알아보고 있는 중인데, 실손의료보험을 가입한 보험회사 고객센터에서 다음과 같이 안내를 받았다.

"네. 고객님께서 가입 중인 실손의료보험은 해외 (　　)개월 이상을 연속으로 체류하시는 경우에는 보험료 납입중지를 신청하실 수 있습니다. 물론 납입중지를 하지 않은 상태에서 보험료를 계속 납입한 경우라면 귀국하셔서 보험료 환급을 신청할 수도 있습니다."

정답 › 3개월

해설 › 2009년 10월 1일 이후(표준화 이후) 실손의료보험을 가입한 자는, 2016년 1월 이후 3개월 이상의 기간을 연속으로 해외에서 장기체류하는 경우에는 보험료 납입중지를 신청할 수 있다. 납입중지를 신청하지 않은 경우에는 귀국해서 보험료 환급을 신청하면 된다.

약술형

06 **나대한 씨는 임금피크제 대상에 포함되는 다음 달부터 급여가 줄어드는 관계로 가입하고 있는 보험료 부담을 줄일 방법을 모색하고 있다. CPB로서 제안할 수 있는 방법을 간략하게 기술하시오.**

정답 › 감액완납제도를 활용하여 종신보험에 대한 보험료 납입을 종료할 수 있다.
나가을이 성인이 되어 직장생활을 하고 있기 때문에 종신보험에 가입하던 당시와는 달리 나대한 씨의 사망에 따른 경제적 위험이 그다지 크지 않을 수 있다. 따라서 변화한 상황을 고려한 보험조정이 필요하다. 남아 있는 납입기간에 내야 할 보험료를 일시에 납입하는 것으로, 그 보험료를 납입할 수 있을 만큼의 보장금액을 감액하여 해지환급금으로 완납하는 것을 의미한다. 그러면 다음 달부터 보험료를 납입하지 않아도 되고, 남아 있는 사망보장은 종신토록 보장받을 수 있다.

사례 15 | 보험설계

질문을 위한 기본정보

나대한, 김장미 씨 부부의 보험가입내역 및 가족의 전반적인 상황은 다음과 같다.

Ⅰ. 보험가입내역

상품명	계약자	피보험자	수익자	가입	보험료(월)
실손의료보험	나대한	나대한	나대한	2018. 06	188천 원
정기(사망)보험	나대한	나대한	나가을	2002. 05	160천 원
실손의료보험	김장미	김장미	김장미	2018. 06	104천 원
변액유니버셜보험	나가을	나가을	나가을	2018. 03	300천 원

Ⅱ. 보험상품 활용 관련 나대한, 김장미 부부의 상황

- 나대한, 김장미 씨 부부는 함께 다니던 직장을 퇴사 후 현재 주거지 인근에서 4년째 마트를 운영하고 있다.
- 나대한, 김장미 씨 부부는 함께 가입하고 있는 실손의료보험에 대해 고민이 많다. 갱신주기별로 보험료는 인상되는데, 보장이 되는 범위에 대해 별로 아는 것이 없는 상황이라 효용성에 대해 회의적이다.
- 아들 나가을이 취업을 하고 난 후부터 본인이 수익자로 설정되어 있는 나대한 씨의 정기보험 계약자를 변경하여 매월 보험료를 납입하고 있다.

선다형

01 **나대한, 김장미 씨 부부가 함께 가입한 실손의료보험의 보장범위에 대한 사항으로 적절하지 않은 것은?**

① 병원 입·통원 시 치료와 무관하게 발생하는 비용(간병비, 증명서 발급비, 예방 접종비 등)이나, 의사의 처방이 없는 의약품 및 의약 외품 구입비는 보장되지 않는다.
② 질병치료와 무관하게 예방적으로 시행하는 일반건강검진은 보장 대상이 아니다.
③ 유방암 환자의 유방재건술과 치료 목적의 쌍꺼풀 수술은 보장받을 수 있다.
④ 치과·한방·항문질환 치료는 비급여 의료비까지 보장받을 수 있다.
⑤ 한방병원이라 하더라도 양방의사의 의료행위(MRI, CT 등)에 의해 발생한 의료비는 급여와 비급여 모두 보장받을 수 있다.

정답 › ④
해설 › 실손의료보험에서는 가입자의 역선택 또는 도덕적해이가 다소 높은 치아질환 치과치료, 한방치료 및 직장·항문질환치료에 대해서는 국민건강보험 보장대상인 급여 의료비 중 본인부담분만을 보장하고, 비급여 의료비는 보장하지 않는다.

02 **나대한, 김장미 씨의 실손의료보험은 갱신형 보험이다. 보장성 보험에서 갱신형과 비갱신형의 주요 내용을 비교한 것으로 적절하지 않은 것은?**

	구분	갱신형	비갱신형
①	보험기간 및 보험료 납입기간	일정주기 단위로 갱신, 보험 전 기간에 걸쳐 납입	상품별로 만기 시까지 납입 또는 특정기간 납입
②	적용요율(위험률)	갱신시점 요율	가입시점 요율
③	가입 시 유리한 경우	위험률이 증가하는 상품	위험률이 감소하는 상품
④	장점	가입 시 보험료 저렴	위험률이 증가하더라도 보험료 인상 없음
⑤	단점	갱신 시 보험료 인상 또는 일부 담보 가입거절 가능	고연령의 보험료를 가입초기에 납부하므로 보험료 수준이 높음

정답 › ③

해설 › 갱신형에 유리한 상품은 위험률이 감소하는 상품, 비갱신형에 유리한 상품은 위험률이 증가하는 상품이다.

03 현재 나대한 씨 가족이 가입하고 있는 보험상품에 대해 고려해야 할 사항으로 적절하지 않은 것은?

① 나가을 명의의 변액유니버셜보험에서 중도인출을 활용할 경우, 별도 과세기준이 적용되지 않는다.

② 나가을 명의의 변액유니버셜보험을 현재(2025년) 중도해지 시 보험차익에 대한 과세기준(이자소득세 및 금융소득종합과세)이 적용된다.

③ 나대한 씨 명의의 보장성보험에 납입하는 보험료는 연간 1,000천 원을 한도로 세액공제 혜택을 받을 수 있다.

④ 나대한 씨 명의의 정기보험에서 피보험자 사망에 따라 지급되는 사망보험금은 민법상 상속재산에 포함되지 않는다.

⑤ 나가을 명의의 변액유니버셜보험에 추가납입을 하는 경우, 추가납입보험료에 계약관리비용은 부과되고, 계약체결비용은 부과되지 않는다.

정답 › ③

해설 › 보장성보험료에 대한 세액공제 혜택은 근로소득자에 한해 적용된다. 나대한, 김장미 씨 부부는 현재 자영업자 신분이기에 대상자에 포함되지 않는다.

단답형

04 나대한 씨 사망에 따라 지급되는 사망보험금 중 상속세 부과를 위한 상속재산가액을 산출하시오.

나대한 씨는 본인을 계약자, 피보험자로 하는 사망(정기)보험에 가입하여 오랜 기간 보험료를 납입하면서 보험계약을 잘 유지하다가 아들이 대학을 졸업하고 직장생활을 시작한 후부터는 보험료를 아들이 납입하여왔다. 나대한 씨의 갑작스러운 사망으로 이 계약에서 지급받게 될 보험금은 300,000천 원이다.

- 사망보험금: 300,000천 원
- 사망 전까지 납입한 총 보험료: 30,720천 원
- 나대한 씨가 납부한 보험료: 19,200천 원
- 아들이 납부한 보험료: 11,520천 원

정답 › 187,500천 원

해설 › - 피상속인이 계약자인 보험계약에서의 상속재산가액 산출
- 상속재산가액 = 보험금수령금액 × 피상속인이 납부한 보험료/보험료 납입총액
= 300,000천 원 × 19,200천 원/30,720천 원
= 187,500천 원

05 **다음은 나대한, 김장미 씨 부부가 가입하고 있는 실손의료보험에 대한 설명이다. 괄호 안에 들어갈 내용을 순서대로 기재하시오.**

> 현재 나대한, 김장미 씨 부부는 갱신주기별로 인상하는 보험료 때문에 고민이 많은데, 현재 가입하고 있는 실손의료보험의 갱신주기는 (㉮)이고, 재가입주기는 (㉯) 이다.

정답 › ㉮ 1년, ㉯ 15년

해설 › 2013년 이후 가입한 실손의료보험의 갱신주기는 1년, 재가입주기는 15년이다. 2021년 7월부터 가입하는 4세대 실손의료보험이 재가입주기는 5년으로 단축되었다.

약술형

06 **나대한 씨 아들인 나가을의 명의로 가입한 변액유니버셜보험의 비과세혜택을 위한 기본요건에 대해 기술하시오.**

정답 ›
- 매월 납입하는 보험료가 1,500천 원 이하일 것
- 최초 납입일~만기일(중도해지일) 기간이 10년 이상일 것
- 최초 납입일로부터 납입기간이 5년 이상인 월적립식 계약
- 최초 납입일로부터 매월 납입하는 기본보험료가 균등하고, 기본보험료의 선납기간은 6개월 이내일 것

사례 16 | 보험설계

질문을 위한 기본정보

나대한, 김장미 씨 부부의 보험가입내역 및 가족의 전반적인 상황은 다음과 같다.

Ⅰ. 보험가입내역

상품명	계약자	피보험자	수익자	가입	보험료(월)
정기(사망)보험	나대한	나대한	상속인	2004. 07	120천 원
연금저축신탁	김장미	김장미	김장미	2015. 01	330천 원
변액유니버셜보험	나대한	나대한	나대한	2006. 05	200천 원
연금저축보험	나대한	나대한	나대한	2015. 01	330천 원

Ⅱ. 보험상품 활용 관련 나대한, 김장미 부부의 상황

- 나대한, 김장미 부부는 TV를 시청하던 중 자녀들이 독립한 이후 부부의 노후생활에 대한 걱정이 밀려와 부부가 가입하고 있는 보험상품의 내용을 검토해볼 필요를 느껴 살펴보았다.
- 나대한, 김장미 씨는 연금저축과 변액유니버셜을 활용해서 연금재원을 확보해도 부부가 계획하고 있는 은퇴생활을 하기에는 자금이 다소 부족한 듯해서 삼청은행을 방문하여 상담을 받았다. 삼청은행의 CPB는 부부가 보유하고 있는 자산 250,000천 원을 즉시연금으로 활용할 것을 제안하였다.

선다형

01 나대한 씨가 보험을 가입할 경우 보험계약자로서 활용할 수 있는 권리의 내용으로 적절하지 않은 것은?

① 보험계약자는 보험증권을 받은 날부터 15일 이내에 청약을 철회할 수 있다.
② 보험계약자와 피보험자가 다른 계약에서 보험계약자가 '사고 발생 사실을 모르고 청약을 철회한 경우'에는 청약철회를 신청했더라도 보험계약이 그대로 유지되어, 보험약관에서 정한 바에 따라 보장받을 수 있다.
③ 보험계약 시 불완전판매행위가 발생한 경우, 보험계약자는 보험계약이 성립된 날부터 3개월 이내에 그 계약을 취소할 수 있다.
④ 보험설계사 등의 부당한 권유로 기존 보험을 해지하고 동일한 보험회사의 유사한 보험에 신규 가입한 경우, 보험계약자는 보험계약이 해지된 날로부터 3개월 이내에 소멸된 기존 보험계약을 부활하고 새로운 보험계약을 취소할 수 있다.
⑤ 무진단 보험계약에 대해 보험회사의 승낙 전에 발생한 보험사고('승낙 전 보험사고')라 할지라도, 보험계약자가 청약 시 최초 보험료를 이미 낸 경우에는 보험계약이 성립된 것과 동일하게 보장받을 수 있다.

정답 › ④
해설 › 승환계약으로 인해 해지된 기존 보험계약에 대해서는 해지된 날로부터 6개월 이내에 부활이 가능하다.

02 나대한, 김장미 씨가 가입한 보험상품에 대한 설명으로 적절하지 않은 것은?

① 나대한 씨의 연금저축보험을 배우자 김장미 씨가 가입한 연금저축신탁 상품과 동일한 상품으로 계약을 이전하는 경우, 별도의 세금은 부과되지 않는다.
② 변액유니버셜보험을 연금으로 전환하여 활용하는 경우, 경험생명표의 적용기준(가입 또는 전환시점)에 따라 연금금액이 달라질 수 있다.
③ 변액유니버셜보험을 활용할 때 기본보험료 2배 이내에서 추가 납입할 수 있는 제도를 활용하는 것이 수익률 관리에 유리하다.
④ 나대한, 김장미 씨가 가입하고 있는 연금저축신탁 및 보험은 투자수익형 상품이기에 가입한 이후의 수익률관리에 대한 관심이 요구된다.
⑤ 보험기간이 3년 남은 정기보험은 보장성보험에 해당되므로 만기에 이르러도 납입한 보험료보다 지급되는 금액은 적거나 없을 수도 있다.

정답 > ④

해설 > 나대한 씨의 연금저축보험은 공시이율을 적용하여 운용하는 금리형 상품이다.

03 나대한 씨 명의로 가입한 사망보험에 대한 설명으로 적절하지 않은 것은?

① 나대한 씨 명의의 부채가 많아 상속인이 상속포기를 신청해도 사망보험금을 수령하는데 영향을 미치지 않는다.

② 상속인이 한정승인 신청 시 상속재산목록에 사망보험금 내역을 기재할 필요는 없다.

③ 상속인의 유류분반환청구 대상에 사망보험금은 포함되지 않는다는 것이 현재 법률 전문가 다수의 견해이다.

④ 사망보험금은 민법상 상속재산에 포함되지는 않지만, 세법상으로는 상속재산으로 간주되어 상속세 부과대상에 포함된다.

⑤ 사망 시 수익자로 지정된 '상속인'이 배우자 김장미 씨 외 자녀가 있을 경우에는 사망보험금에 대해 동일한 비율로 분할해서 수령할 수 있다.

정답 > ⑤

해설 > 사망 시 수익자로 지정된 '상속인'은 사망보험금에 대해 민법상 법정상속지분에 따른 비율로 분할해서 수령할 수 있다. 따라서 피상속인의 배우자는 다른 법정상속인 대비 50%를 추가로 배분받을 수 있다. '배우자 1.5 : 자녀 1'의 비율로 분할한다.

단답형

04 나대한 씨가 2015년에 가입한 다음의 연금저축보험을 해지할 경우 지급되는 금액에 대해 적용되는 세금을 산출하시오.

보험내용
- 2015년 연금저축 가입, 2024년까지 매년 4,000천 원을 납입
- 매년 4,000천 원씩 세액(소득)공제를 받음(총 36,000천 원)
- 현재 적립금은 39,000천 원(납입금액 36,000천 원, 운용수익 3,000천 원)
- 2024년 해지하기로 의사결정

정답 › 6,435천 원

해설 › ‣ 기타소득세 부과
- 대상금액: 세액공제금액 + 운용수익 = 39,000천 원
- 기타소득세율: 16.5%(분리과세)
- 기타소득세액: 39,000천 원 × 16.5% = 6,435천 원

05 다음은 나대한 씨 사망에 따른 보험금 청구에 대한 내용이다. 괄호 안에 들어갈 사항을 기재하시오.

나대한 씨가 가입한 정기보험은 피보험자인 나대한 씨 사망에 따라 약정된 사망보험금이 지급되는데, 이 경우 사망 시 수익자는 보험사고 발생일로부터 ( )년 이내에 보험금 청구권을 행사하여야 한다. ( )년이 경과하면 보험회사의 보험금 지급의무가 없어지기 때문이다.

정답 › 3년

해설 › 보험금 청구는 보험사고 발생일로부터 3년 안에 행사하여야 한다. 3년이 경과하면 보험회사의 보험금 지급의무가 없어진다.

약술형

06 나대한, 김장미 부부는 삼청은행 CPB가 제안한 대로 보유자산 250,000천 원을 즉시연금으로 활용해볼 계획이다. 평균수명이 연장된 사실을 감안하여 종신형 즉시연금으로 활용하려고 하는데, 이 경우 고려해야 할 비과세혜택 요건을 기술하시오.

정답 〉 - 계약자, 피보험자, 수익자가 동일인이어야 한다.
- 연금개시 후 해지가 불가능하다.
- 55세 이후 사망 시까지 연금형태로 지급받아야 한다.
- 사망 시 계약 및 연금재원은 소멸된다.
- 보증기간은 계약시점 기준의 기대여명으로 한다.
- 연간연금액이 '연금재원/기대여명'의 3배 이내여야 한다.
- 연금 외 형태로 보험금 및 수익 등을 지급하지 아니한다(중도인출 불가).

은퇴설계

[사례 17] ~ [사례 19]

사례 17 | 은퇴설계

질문을 위한 기본정보

경기도 부천시에 거주하는 나대한 씨는 28년간 근무한 직장에서 1개월 후(2023년 4월) 퇴직이 예정되어 있다. 회사에서 지원하는 퇴직예정자 교육을 받으며, 퇴직 후 실행해야 할 재무관리 중 무엇을 먼저 해결해야 하는지 많은 고민을 하게 되었다. 퇴직금은 4년 전 퇴직연금제도 전환 시기에 중간정산을 한 상태여서 그리 많지는 않지만, 희망퇴직 대상자에게 지원되는 위로금이 있어 어떻게 운용할 것인가에 대해서도 고민 중이다.

Ⅰ. 가족사항

- 본인: 나대한(1966년생, 직장인)
- 배우자: 김장미(1969년생, 전업주부)
- 아들: 나가을(1994년생, 직장인)

Ⅱ. 보유자산 및 연금자산 현황

- 퇴직금 28,000천 원, 희망퇴직 위로금 240,000천 원
- DC형 퇴직연금 가입자로서 추가납입한 금액 총 16,000천 원
- 아들 나가을 명의의 수익형 임대부동산(상가) 임대료 매월 1,200천 원

Ⅲ. 퇴직 후 나대한 씨의 고민

- 아파트 단지 주변에 추가로 상가를 매입, 임대사업을 할까?
- 아내와 함께 편의점을 개업하여 운영할까?

선다형

01 삼청은행의 CPB가 나대한 씨의 상황을 고려해서 안내할 수 있는 내용으로 적절하지 않은 것은?

① 이번 희망퇴직이 전 시원을 대상으로 신청을 받아서 하는 형태라면, 실업급여 대상이 될 수 있으니 청구해서 소득을 일부 보전할 수 있다.

② 나대한 씨는 직장가입자로 납부하던 국민건강보험료에 대해 퇴직 후 임의계속가입을 신청, 24개월간 보험료 부담을 줄일 수 있다.

③ 나대한 씨 퇴직 시 수령하는 퇴직금 28,000천 원과 희망퇴직 위로금 240,000천 원을 일시금의 형태로 수령할 경우, 전체 금액에 대해 퇴직소득세가 부과된다.

④ 나대한 씨가 DC형 퇴직연금에 추가로 납입한 금액 중 세제혜택을 받은 금액에 대해서는 일시금으로 인출 시 기타소득세를 부과한다.

⑤ 나대한 씨가 DC형 퇴직연금에 추가로 납입한 금액 중 세제혜택을 받지 않은 금액에 대해서는 인출 시 별도 과세하지 않는다.

정답 › ②
해설 › 퇴직 후 임의계속가입을 신청하면, 현행 기준(2018년 1월 1일부터) 36개월간 직장가입자 신분으로 납부했던 정도의 보험료가 부과된다.

02 나대한 씨가 가입하고 있는 DC형 퇴직연금을 활용할 때 고려할 수 있는 내용으로 적절하지 않은 것은?

① 나대한 씨는 매년 18,000천 원 금액의 범위 내에서 추가 납입을 할 수 있다.

② 나대한 씨가 세제혜택이 적용되는 연금저축을 가입하고 있다면, 퇴직연금 추가납입금액과 합산해서 세액공제 혜택이 가능하다.

③ 나대한 씨의 연간소득이 110,000천 원인 점을 고려하면, 적용되는 세액공제율은 16.5%이다.

④ 나대한씨의 DC형 퇴직연금에 회사가 적립한 금액을 10년간 연금의 형태로 인출할 때는 일시금으로 출금하는 경우에 적용되는 세금의 70%만 부과한다.

⑤ 나대한 씨가 퇴직 시 수령하는 퇴직금을 개인형퇴직연금(IRP) 계좌로 수령하는 경우, 퇴직소득세에 대해 과세이연 혜택이 주어진다.

정답 › ③
해설 › 근로소득 55,000천 원, 종합소득 45,000천 원 이상자의 세액공제율은 13.2%이다.

03 **나대한 씨 퇴직 후 예상되는 국민건강보험 자격변동에 대한 설명으로 적절하지 않은 것은?**

① 나대한, 김장미 씨 부부 명의의 재산세 과세표준 합산금액이 900,000천 원을 초과하는 경우, 아들 나가을의 직장가입자 건강보험에 피부양자로 인정될 수 없다.
② 나대한 씨가 임의계속가입을 신청하는 경우, 직장가입자 신분일 때와 동일하게 배우자 김장미 씨는 피부양자로 등재할 수 있다.
③ 나대한 씨가 퇴직 후 지역가입자로 전환되어 보험료 부담을 조정하기 위해 임의계속가입을 신청하려면, 최초로 고지된 보험료의 납부기한에서 2개월이 경과하기 전에 신청해야 한다.
④ 나대한 씨는 퇴직연금을 연금으로 인출할 때, 연금소득으로 지역가입자 보험료 산출에 반영되어 보험료 인상요인이 될 수 있는 점을 고려해야 한다.
⑤ 지역가입자 보험료 산출 시 금융자산은 재산내역에 반영되지 않는다.

정답 › ④
해설 › 지역가입자 보험료 산출에 적용되는 연금소득은 공적연금소득(국민연금, 공무원연금, 군인연금, 사립학교교직원연금, 별정우체국연금)만 해당된다.

단답형

04 **나대한 씨가 퇴직 시 수령하는 퇴직금 28,000천 원과 희망퇴직 위로금 240,000천 원, DC형 퇴직연금에 개인이 추가납입한 금액 16,000천 원(세액공제 받지 않은 것으로 가정)을 활용해서 60세부터 10년간 연금형태로 인출할 계획이다. 이들 적립금액 중 연금소득종합과세 기준이 적용되는 대상금액은 (　　　)이다. 괄호 안에 들어갈 해당 적립금액은?**

정답 › 0원
해설 › 회사가 적립해준 퇴직금(희망퇴직 위로금 포함)은 무조건 분리과세 대상이므로 연금소득종합과세가 적용되지 않는다. 또한 세액공제를 받지 않은 DC형의 추가납입금액은 과세제외 대상이기에 연금소득종합과세 기준이 적용되지 않는다.

05 **퇴직 후 편의점 창업 및 부동산 임대사업을 고민하고 있는 나대한 씨에게 삼청은행 CPB가 고려해야 할 사항을 안내하고 있다. 괄호 안에 들어갈 내용을 순서대로 기재하시오.**

CPB : 나대한 고객님은 퇴직 후 실업급여를 청구하실 수 있는 대상자입니다.
나대한 : 네. 알고 있습니다.
CPB : 그렇군요. 다만 현재 계획대로 창업을 하셔서 사업소득이 있는 경우에는 실업급여 청구대상에서 제외 됩니다.
나대한 : 그렇겠죠.
CPB : 그러니 이렇게 하시죠. 일단 사업자 등록을 하시기 전에 실업급여 신청을 하세요. 수급대상자로 인정된 상태에서 소득활동을 재개하시면 '조기재취업수당'을 수급하실 수 있으니까요. 소정급여일수를 (㉮) 이상 남기고 소득활동을 하게 되고, 그로부터 (㉯)이 경과한 경우에는 미지급 일수의 (㉰)을 일시에 지급받으실 수 있습니다.

정답 ㉮ 50% 또는 1/2, ㉯ 12개월 또는 1년, ㉰ 50% 또는 1/2

해설 실업급여의 '조기재취업수당'은 실업급여 수급자격이 인정된 개인이 소정급여일수를 1/2 이상을 남기고 소득활동을 하게 되면, 그로부터 12개월이 경과한 시점에 미지급 일수의 1/2을 일시금을 수령할 수 있다.

약술형

06 **나대한 씨는 퇴직 시 수령하게 될 퇴직금과 위로금에 적용되는 퇴직소득세가 상당한 부담으로 느껴진다. 나대한 씨의 경우처럼 퇴직금 중간정산 경력 때문에 상당 부분 늘어난 퇴직소득세 부담을 절감할 수 있는 방안에 대해 기술하시오.**

정답 '퇴직소득 세액 정산특례'를 신청하여 활용하면 부담을 줄일 수 있다.

해설 정산 시의 근속기간과 이후 근속기간을 합해 전체 근속기간으로 하고, 정산하여 수령한 금액과 이후 수령하게 될 퇴직금을 합산해서 퇴직소득세를 산출한다. 이렇게 산출된 세금에서 중간정산 시 납부한 퇴직소득세를 차감하고 잔액만 납부하면 된다.

사례 18 | 은퇴설계

질문을 위한 기본정보

평택시에 거주하는 38세의 나대한 씨는 현재 삼청은행에 근무하면서 35세의 아내와 2015년 출생한 아들, 2018년에 출생한 딸과 함께 행복한 가정을 꾸려가고 있다. 최근 은행에 내방한 고객께 은퇴상담을 지원하던 중 본인의 퇴직 후 재무상태에 대한 궁금증이 생겨 주요내용을 살펴보게 되었다.

다음은 나대한 씨 부부가 은퇴재원으로 활용할 수 있는 유형별 자산과 소득내역이다.

- 나대한 씨 연소득 85,000천 원, 배우자 김장미 씨 연소득 73,000천 원
- 나대한 씨 부부는 현재 각자 국민연금을 직장가입자로 유지 중이다.
- 나대한: 연금저축신탁에 매년 8,000천 원(납입 시 세제혜택 받음)
- 김장미: 연금저축펀드에 매년 4,000천 원(납입 시 세제혜택 받음)
- 퇴직연금에 대한 회사지원의 적립금
- 평택시 소재의 주택부동산 610,000천 원(소유권자 : 김장미)

선다형

01 나대한 씨 부부가 보유 및 가입하고 있는 제도를 활용, 은퇴생활자금을 인출하기 위해 고려해야 할 내용으로 적절하지 않은 것은?

① 나대한 씨 부부가 현재 가입하고 있는 국민연금은 부부 모두 생존 시에는 각각의 노령연금을 수급할 수 있다.
② 현재 거주 중인 주택이 본인들 소유이고, 두 명중 한명만 연령이 55세 이상일 경우에는 주택연금을 신청할 수 있다.
③ 가입 중인 연금저축은 55세 이상부터 연금으로 인출할 수 있다.
④ 나대한 씨 명의의 연금저축신탁은 수급기간을 정해놓고 인출하더라도 김장미 씨 명의의 연금저축펀드는 여성의 평균수명을 고려, 종신토록 지급받는 것으로 기간을 선택하는 것이 합리적이다.
⑤ 퇴직 시 지급되는 퇴직연금의 퇴직금을 개인형퇴직연금(IRP) 계좌로 수령하면 퇴직소득세가 환급되고, 이는 인출할 때 과세한다.

정답 › ④
해설 › 연금저축에서 종신형은 생명보험회사에서 판매하는 연금저축보험에서만 가능하다. 연금저축신탁 및 연금저축펀드는 기간확정형연금으로 수급할 수 있다.

02 나대한 씨 부부가 가입한 국민연금의 주요 내용에 대한 설명으로 적절하지 않은 것은?

① 생존 시 노령연금을 각자 수령하다가 둘 중 한쪽이 사망하면, 남아 있는 배우자는 본인의 노령연금과 배우자의 사망에 따른 유족연금 전액을 동시에 수급할 수 없다.
② 국민연금 수급연령에 이르렀어도 본인이 수급시기를 연기할 수 있는데, 이 경우 연 7.2%의 가산금리를 적용하여 지급한다.
③ 국민연금 수급개시연령에 도달하지 않았어도 소득이 있는 업무에 종사하지 않을 경우에는 조기에 연금을 신청·수급할 수 있는데, 이 경우 수급금액에 연 5.5%의 할인율을 적용하여 지급한다.
④ 국민연금은 매년 물가인상율을 고려, 인상하여 지급하는 기능이 있다.
⑤ 배우자 사망에 따른 유족연금의 1순위 수급대상자는 배우자이다.

정답 › ③

해설 › 조기노령연금의 할인율은 연 6%를 적용한다.

03 **나대한, 김장미 씨 부부는 아직 젊은 나이지만 주택연금에 대해서도 구체적으로 검토 해보았는데, 주택연금 주요내용에 대한 설명으로 적절하지 않은 것은?**

① 주택소유권자인 김장미 씨가 55세 연령에 이르면 주택연금을 신청할 수 있다.
② 주택연금 신청자격을 심사하는 주택담보가치는 공시가를 기준으로 한다.
③ 주택연금 금액을 결정하는 주택담보가치는 시가를 기준으로 한다.
④ 주택연금 수급기간 중 담보가치가 변동해도 연금금액은 동일하게 지급된다.
⑤ 주택연금 금액을 산출할 때는 김장미 씨 연령을 기준으로 한다.

정답 › ①

해설 › 주택연금을 신청할 수 있는 연령기준은 소유권자와는 무관하게 부부 중 1인이 55세 이상 연령에 이르면 가능하다.

단답형

04 **나대한 씨 부부가 국민연금제도의 출산크레딧 대상에 포함되어 인정받을 수 있는 가입기간은?**

정답 › 12개월

해설 › 2008년 1월 1일부터 시행된 출산크레딧은 출산과 육아의 문제로 발생하는 국민연금 가입기간 단절을 보상해주는 것으로, 2자녀 이상 출산 시 가입기간을 추가로 인정해주고 있다.

- 대상: 2008년 1월 1일 이후 출생한 두 자녀 이상의 가정. 출산 전 국민연금 납부이력이 없어도 출산 후 가입하고, 조건충족 시 인정받을 수 있다.
- 추가로 인정되는 가입기간은 둘째인 경우 12개월, 셋째부터는 1인당 18개월이며 최대 50개월까지 추가로 인정받을 수 있다.

자녀 수	2자녀	3자녀	4자녀	5자녀 이상
추가인정기간	12개월	30개월	48개월	50개월

05 **나대한, 김장미 씨 부부가 퇴직 후 연금계좌(퇴직연금 및 연금저축)를 연금으로 인출하는 의사결정을 할 때, 절세전략 차원에서 고려해야 할 인출순서를 순서대로 기재하시오.**

① 납입 시 세제혜택을 받은 김장미 씨 연금저축 적립금
② 납입 시 세제혜택을 받지 않은 나대한 씨 연금저축 적립금
③ 납입 시 세제혜택 받은 나대한 씨 연금저축 적립금
④ 나대한, 김장미 씨 부부 각각의 회사지원의 퇴직적립금

정답 › ② - ④ - ①,③

해설 › ②는 세액공제 범위를 초과해서 납입된 나대한 씨의 연금저축 적립금으로 인출 시 과세제외 대상이기에 가장 먼저 인출하고, ④는 부부의 퇴직적립금은 연금으로 인출 시 감면율이 적용되기에 과세제외 대상 금액 다음으로 인출한다. ①, ③은 인출연령에 따라 적용되는 연금소득세가 낮은 구간으로 늦춰서 인출하는 것이 절세전략 차원에서 유리하다. 아울러 과세이연 효과를 상대적으로 늘릴 수 있는 방법이기도 하다.

약술형

06 **나대한 씨 부부의 연금저축 납입금액 현황이다. 2025년 납입금액에 대해 나대한 씨 부부가 세액공제 받을 수 있는 최대 합산금액은 얼마인지 산출근거에 대해 기술하시오.**

(단위: 천 원)

구분	2023년	2024년	2025년
나대한	8,000	8,000	2,000
김장미	4,000	3,000	4,000
세액공제 합산금액	10,000	9,000	?

정답 › 10,000천 원

해설 › 납입연도 전환특례를 활용하면 된다. 세법 개정에 따라 2023년 납입금액부터 연금저축에 대한 세액공제 한도는 개인 소득규모와 관계없이 연간 6,000천 원으로 조정되었다. 이를 초과해서 납입한 금액은 그 이후에 세액공제 한도를 채우지 못한 부분이 있을 경우에 세액공제가 적용되는 기간을 이월해서 세액공제가 가능하다. 따라서 나대한씨의 2023~2024년 세액공제 한도를 초과해서 납입한 금액 각각 2,000천 원, 합산 4,000천 원은 2025년으로 납입연도를 전환할 수 있다. 그러므로 2025년 납입한 금액 2,000천 원과 합산할 경우에 2025년 나대한씨의 세액공제 대상금액은 6,000천 원, 김장미씨 4,000천 원으로 부부합산 10,000천 원까지 세액공제를 받을 수 있다.

사례 19 | 은퇴설계

질문을 위한 기본정보

경기도 용인에 거주하는 나대한 씨는 정년퇴직을 1년여 남겨둔 상황이라 고민이 이만저만이 아니다. 지금도 임금피크제 대상자로 급여를 받다 보니 예전의 50% 규모의 소득인데, 퇴직 후에는 그마저도 중단될 것이고, 국민연금을 수령하려면 4년을 더 기다려야 한다. 국민연금에 대한 기금고갈이라는 뉴스도 자주 접하다 보니 불안하기도 하고 뭔가 확실한 방안을 모색해야 할 듯해서 평소 거래하는 삼청은행을 방문하여 상담을 받았다.

Ⅰ. 가족사항

- 본인: 나대한(1966년생, 31년 경력의 직장인, 연소득 85,000천 원)
- 배우자: 김장미(1970년생, 25년 경력의 직장인, 연소득 63,000천 원)
- 아들: 나가을(1999년생, 대학생)

Ⅱ. 보유자산 및 연금자산 현황

- 현재 거주하고 있는 주택, 시가표준액 820,000천 원(소유자: 나대한)
- 나대한 씨 본인의 국민연금 예상수령금액 월 1,750천 원(64세부터 수령)
- 배우자 김장미 씨 국민연금 예상수령금액 월 1,500천 원(65세부터 수령)
- 퇴직금 예상수령금액 18,000천 원(임금피크제에 따른 중간정산 후 적립금)
- 삼청은행에 연금저축신탁 현재 적립금 43,000천 원(세제혜택 받음)
- 삼청은행에 위탁, 운용 중인 금융자산 320,000천 원

Ⅲ. 퇴직 후 나대한 씨의 고민

- 퇴직 후 국민연금을 수령할 때까지는 배우자의 급여소득에 의존해야 한다.
- 보유자산 320,000천 원을 활용해서 사업을 해보자니 창업자들의 실패 사례에 부담이 느껴진다.

선다형

01 삼청은행의 CPB가 나대한 씨의 상황을 고려해서 안내할 수 있는 내용으로 적절하지 않은 것은?

① 퇴직 후 정기수득의 급격한 하락을 만회하기 위해서 주택연금을 활용할 수 있는데, 이 경우 주택 담보가치 820,000천 원과 김장미 씨 연령을 기준으로 수령방법에 따른 연금금액이 결정되어 지급된다.

② 국민연금은 나대한 씨 생존 시에는 나대한 씨, 김장미 씨 각각 연금을 수령할 수 있지만, 배우자 사망 시에는 배우자 사망에 따른 유족연금 전액과 본인의 노령연금을 동시에 수령할 수는 없다.

③ 나대한 씨가 70세에 사망할 경우, 유족연금 수급대상자는 배우자 김장미 씨이다. 다만, 김장미 씨가 재혼을 할 경우에는 유족연금 지급은 중지되고, 아들 나가을이 유족연금을 승계하여 수급하게 된다.

④ 신청 당시 담보가치 820,000천 원을 기준으로 결정된 주택연금금액은 담보가치의 상승 및 하락과 무관하게 동일한 금액으로 지급된다.

⑤ 주택연금은 부부가 모두 사망한 시점의 담보가치보다 초과 지급된 연금금액 및 수수료가 있어도 상속인의 상환의무는 없고, 청산절차에 따라 계약은 종료된다.

정답 › ③

해설 › 자녀로서 유족연금 수급 2순위에 해당되지만, 나가을의 연령이 25세 이상에 해당되기 때문에 유족연금을 수급할 수 없다.

02 삼청은행의 CPB는 나대한 씨가 가입한 연금저축신탁에 대해 다음과 같이 안내하였다. 적절하지 않은 것은?

① 나대한 씨의 연소득을 기준으로 연금저축에 대한 세액공제는 13.2%(지방소득세 포함)의 세율을 기준으로 적용된다.

② 나대한 씨는 55세 이후부터 연금인출이 가능한 연금저축신탁의 연령요건이 충족되기 때문에 바로 연금인출을 신청할 수 있다.

③ 나대한 씨가 적립금 43,000천 원을 기준으로 산출되는 연금금액의 규모가 실질적인 도움이 되지 못한다는 이유로 일시금을 선택하는 경우에는 원금과 이자에 대해 16.5%(지방소득세 포함)의 세금을 부과한다.

④ 나대한 씨가 만 60세가 되는 시점부터 연금수령기간을 10년으로 신청할 경우, 전 기간에 걸쳐 5.5%(지방소득세 포함)의 연금소득세가 부과된다.

⑤ 연금저축신탁은 공시이율을 기준으로 운용되는 연금저축상품으로 연금저축펀드에 비해 상대적으로 안전한 상품이다.

정답 › ⑤

해설 › 연금저축신탁과 연금저축펀드는 투자수익형 상품이다. 연금저축보험이 공시 이율로 운용되는 상품이다.

03 삼청은행 CPB는 나대한 씨가 퇴직시점에 고려해야 할 사항을 다음과 같이 안내하고 있다. 적절하지 않은 것은?

① 정년퇴직 후 국민연금 조기수령을 신청할 수 있는데, 다만 연금저축신탁을 연금형태로 인출 시에는 소득능력이 인정되어 신청자격이 제한될 수 있다.

② 최종 퇴직 시 수령하는 퇴직금에 대해 부과되는 퇴직소득세는 중간정산 이후 추가 근로기간을 기준으로 산출하는 것이 기본원칙이다.

③ 나대한 씨가 정년퇴직을 하는 경우, 실업급여를 청구할 수 있는 비자발적 퇴직사유로 인정받을 수 있다.

④ 나대한 씨는 퇴직 후 본인 명의의 재산세 과세표준금액 310,000천 원 외 별도의 소득이 없는 경우, 국민건강보험 직장가입자인 김장미 씨의 피부양자로 인정받을 수 있다.

⑤ 현재 나대한 씨 연령과 담보가치를 기준으로 주택연금 신청이 가능한데, 향후 65세 이상 연령을 대상으로 하는 기초연금 수급대상 심사 시에 주택연금 수급금액은 소득으로 반영되지 않는다.

정답 › ①

해설 › 국민연금 조기연금 신청에 영향을 미치는 '소득능력'은 근로소득, 임대소득을 포함한 사업소득에 국한된다. 따라서 연금저축신탁을 연금형태로 인출하는 의사결정을 해도 국민연금 조기수령 신청에 아무런 영향을 미치지 않는다.

단답형

04 **만 63세부터 국민연금 수급개시가 예정되어 있는 나대한 씨의 기본연금 예상수령금액은 1,750천 원이다. 이 금액을 기준으로 나대한 씨가 사망할 경우에 지급될 유족연금의 예상금액(부양가족연금액 제외)은 얼마인가?**

정답 1,050천 원

해설 국민연금의 유족연금 산출기준 납입자격 유지기간에 따라 다음과 같이 달라진다.

- 20년 이상: 기본연금액의 60%
- 10년 이상~20년 미만: 기본연금액의 50%
- 10년 미만: 기본연금액의 40%

05 **나대한, 김장미 씨 부부의 국민연금 수급관련 상황이다. 괄호 안에 들어갈 내용을 기재하시오.**

- 나대한 씨 국민연금 수급예상 금액 : 64세부터 1,750천 원
- 김장미 씨 국민연금 수급예상 금액 : 65세부터 1,500천 원
- 매년 물가상승율 2%를 적용 시 15년 후 예상수령 금액
- 나대한(78세) 2,350천 원 / 김장미(74세) 2,020천 원

위 조건으로 국민연금을 수급하던 중 나대한 씨가 78세에 사망하는 경우, 김장미 씨 선택이 요구되는 중복급여조정(부양가족연금액은 제외)은 다음과 같은 기준에 의해 산출된다. 이중에서 큰 금액을 김장미 씨는 선택할 수 있다.

㉮ 나대한 씨 사망에 따른 유족연금 선택 시 : 1,410천 원
㉯ 김장미 씨 노령연금 선택 시
: 2,020천 원 + (유족연금에 대한 배우자 기여분) = (　?　)

정답 › 2,443천 원

해설 › 중복급여조정 시 본인의 노령연금 수급을 희망하는 경우에는 배우자 사망에 따른 유족연금의 30%를 배우자 기여분으로 인정받을 수 있다.

→ 2,020천 원 + (1,410×30%) = 2,443천 원

약술형

06 **삼청은행의 CPB는 나대한 씨 보유자산 320,000천 원을 즉시연금에 투자하여 매월 연금으로 수령할 것을 제안하고자 한다. 즉시연금 유형에 따른 세제혜택 및 금액규모의 차이에 대해 안내해야 할 내용을 기술하시오.**

정답 › 즉시연금에는 상속형 즉시연금과 종신형 즉시연금이 있다. 상속형은 1인당 1억 원 범위 내에서 비과세, 종신형은 종신연금의 요건에 충족할 경우에는 전액 비과세 혜택이 주어진다. 또한 동일한 투자금액 대비 수령할 수 있는 연금의 규모는 상속형에 비해 종신형이 더 크다. 다만 상속형은 연금 지급 이후에도 해지가 가능하지만 종신형은 연금지급 이후에는 해지가 불가능함을 유념해야 한다.

부동산 투자설계

[사례 20] ~ [사례 26]

사례 20 | 부동산 투자설계

질문을 위한 기본정보

부동산투자 시 부동산의 권리사항을 분석하기 위해서는 등기와 관련된 자료를 확인하는 것이 매우 중요하다. 나대한 씨가 삼청은행에 근무하는 CPB에게 등기사항 전부증명서와 건축물대장에 대하여 분석하고자 상담을 의뢰하였다.

Ⅰ. 등기사항전부증명서(표제부, 갑구, 을구)

[건물] 서울특별시 중구 태평로1가 OO 서울특별시 청사 신관

【 표 제 부 】 (건물의 표시)				
표시번호	접 수	소재지번 및 건물번호	건 물 내 역	등기원인 및 기타사항
1	2012년11월30일	서울특별시 중구 태평로1가 OO 서울특별시 청사 신관 [도로명주소] 서울특별시 중구 세종대로 OOO	철골철근콘크리트구조 경사곡면지붕(철근콘크리트조) 13층 공공업무시설 지하5층 7,060.29㎡ 지하4층 9,491.72㎡ 지하3층 9,517.70㎡ 지하2층 9,128.91㎡ 지하1층 8,376.69㎡ 1층 3,942.72㎡ 2층 3,870.75㎡ 3층 3,755.77㎡ ⋮ 13층 233.62㎡	

【 갑 구 】 (소유권에 관한 사항)				
순위번호	등 기 목 적	접 수	등 기 원 인	권리자 및 기타사항
1	소유권보존	2012년11월30일 제61475호		소유자 서울특별시
2	강제경매개시결정	2018년1월6일 제OOOO호	2018년1월6일 서울중앙지방법원의 강제 경매개시 결정	채권자 홍길동 840621-******* 서울특별시

[건물] 서울특별시 중구 태평로1가 OO 서울특별시 청사 신관

【 을 구 】 (소유권 이외의 권리에 관한 사항)
기록사항 없음

II. 건축물대장

문서확인번호 1551-3467-3367-5604 (2쪽 중 제2쪽)

고유번호	1114010300-1-00310000	민원24접수번호	20190228 - 15423763	명칭	서울특별시 청사 신관	호수/가구수/세대수	0호/0가구/0세대
대지위치	**서울특별시 중구 태평로 ○○○**	지번	○○	도로명주소	서울특별시 중구 세종대로 ○○○		

구분	성명 또는 명칭	면허(등록)번호
건축주	서울특별시장	20383009******
설계자	○○건축사사무소	송파구-건축사-16호
공사감리자	○○건축사사무소	서울특별시-종합감리전문회사-제5종8호
공사시공자(현장관리인)	○○종합건설	110111-0******

※주차장				
구분	옥내	옥외	인근	면제
자주식	101 대 6,201.89 ㎡	대 ㎡	대 ㎡	
기계식	대 ㎡	대 ㎡	대 ㎡	대

승강기		허가일 2008.02.28
승용 14 대	비상용 3 대	착공일 2008.04.10
※하수처리시설		사용승인일 2012.08.31
형식 접촉폭기방법		관련 주소
용량 ○○○인용		지번

※건축물 에너지효율등급 인증	※에너지성능지표(EPI) 점수	※녹색건축 인증	※지능형건축물 인증
등급		등급	등급
에너지절감률(또는 1차에너지 소요량) %(kw/h)		인증점수 점	인증점수 점
유효기간: . . ~ . .	점	유효기간: . . ~ . .	유효기간: . . ~ . .

도로명

내진설계 적용 여부	내진능력	특수구조 건축물	특수구조 건축물 유형
지하수위 G.L m	기초형식	설계지내력(지내력기초인 경우) t/㎡	구조설계 해석법

변동사항				
변동일	변동내용 및 원인	변동일	변동내용 및 원인	그 밖의 기재사항

※ 표시 항목은 총괄표제부가 있는 경우에는 기재하지 않을 수 있습니다.

선다형

01 **위 사례에서 등기사항전부증명서상 갑구에 경매개시결정이 되어 있다. 갑구에서 CPB가 확인해야 하는 등기사항으로 옳은 것은?**

① 가처분 유무
② 전세권설성 유무
③ 지상권설정 유무
④ 지역권설정 유무
⑤ 근저당권 설정 유무

정답 › ①

해설 › 갑구에 그 부동산의 처분을 제한하는 등기(가압류, 가등기, 압류, 가처분, 경매개시결정)가 있는 경우에는 이러한 등기사항이 해결되거나 해결되는 것을 전제로 투자하여야 한다.

02 다음 중 등기사항전부증명서에 의한 권리분석에 대한 내용으로 맞지 않는 것은?

① 표제부에서부터 을구에 이르기까지 등기의 내용, 등기의 원인, 접수일자 등을 꼼꼼하게 확인한다.

② 표제부를 통해서는 부동산의 현황과 등기기록사항의 일치 여부를 확인한다.

③ 근저당권이 설정된 부동산을 피담보채무(대출)의 승계를 조건으로 매수하려고 할 경우 등기사항전부증명서상의 채권최고액을 정확하게 확인하는 것은 물론 실제 대출금액을 확인하고, 많은 금액을 기준으로 매매대금에서 차감하도록 하여야 한다.

④ 채무자 명의변경을 게을리하여 종전 채무자의 채무관계가 악화될 경우 매수한 부동산에 가압류등기 등이 될 수 있다.

⑤ 등기의 순위는 동구(갑구와 갑구)에서 한 등기에 대하여는 접수번호에 의하고, 별구(갑구와 을구)에서 한 등기에 대하여서는 순위번호에 의한다.

정답 › ⑤

해설 › 등기의 순위는 동구(갑구와 갑구)에서 한 등기에 대하여는 순위번호에 의하고, 별구(갑구와 을구)에서 한 등기에 대하여서는 접수번호에 의한다.

03 다음 중 건축물대장에서 파악할 수 없는 것은?

① 용적률

② 건물층수

③ 건물면적

④ 용도지역

⑤ 지상권설정여부

정답 › ⑤

해설 › 지상권설정여부는 등기사항전부 증명서에서 확인 할 수 있다.

단답형

04 위 사례에서 등기사항전부증명서에 의한 권리분석에 대한 설명이다. CPB와 고객의 상담 내용 중 ( )에 알맞은 내용을 기재하시오.

> 고객: 등기사항전부증명서에서 가등기에 대해 궁금하여 질문합니다.
> CPB: 고객님께 등기사항전부증명서에 의한 권리분석에서 등기순위에 대해 설명드립니다.
> 가등기를 한 경우에 (①)의 순위는 가등기에 의합니다.
> 이를 가등기의 순위보전의 효력이라고 합니다.
> 고객: 그러면 현장에서 권리분석을 할 경우 유의하여야 할 내용이 무엇인가요?
> CPB: 현장답사에 의해 권리분석을 할 경우 점유권, (②), 법정지상권 등에 유의하여야 합니다.

정답 › ① 본등기, ② 유치권

해설 › 가등기를 한 경우에 본등기의 순위는 가등기에 의한다. 이를 가등기의 순위보전의 효력이라고 한다. 여기서 주의할 점은 권리변동의 효력은 본등기 시에 발생하므로 권리변동의 효력발생시기는 가등기 시로 소급하는 것이 아니라 본등기의 순위만 가등기의 순위로 소급한다는 것이다.
그리고 현장답사에 의해 권리분석을 할 경우 점유권, 유치권, 법정지상권 등에 유의하여야 한다.

05 건축물대장에서 불법건축물이 있는지를 파악 할 수 있다. 다음 설명에서 ( )에 알맞은 내용을 기재하시오.

> 건축법에서는 행정청의 허가 없이 용적률을 위법한 건물 등을 불법건축물로 규정하고 예외 없이 시정될 때 까지 (①)을 부과하고 있다.

정답 › 이행강제금

해설 › 건축법에서는 행정청의 허가 없이 용적률을 위법한 건물 등을 불법건축물로 규정하고 예외 없이 시정될 때 까지 이행강제금을 부과하고 있다.

약술형

06 **위 사례에서 나오는 건축물대장에서 '변동사항'이라는 난의 불법건축물에 대하여 통제하고 관리하기 위한 규정에 대하여 쓰시오.**

정답 › '변동사항'이라는 난에는 해당부서에서 무엇 때문에 불법사항인지를 기재하여 표시된다. 「건축법」은 불법건축물을 가장 우려하고 있으며, 이들을 통제하고 관리하기 위해 철거 명령, 이행강제금, 행정벌칙(형벌(징역 혹은 벌금) 및 과태료 규정이 있다.

사례 21 | 부동산 투자설계

질문을 위한 기본정보

보증금 1억 원, 월세 100만 원에 58세의 나대한 씨는 은퇴 후 2024년 4월 미사신도시 내 상가를 임차하여 화장품가게를 운영하고자 한다. 처음으로 상가를 임대한 나대한 씨는 상가건물임대차보호법의 상가건물 임대차에 대하여 분석하고자 한다. 상가건물임대차보호법이 2018년 10월 16일에 일부 개정과 2019년 4월 개정되어 시행되고 있다. 상가건물임대차보호법이 일부, 전부 적용되기 위해서는 다음과 같은 3가지 요건을 동시에 충족하여야 한다.

〈상가 기본정보〉

첫째, 세무서에 사업자등록의 대상이 되는 상가건물이어야 한다.

둘째, 상가건물에 대한 임대차여야 한다.

셋째, 상가건물에 대한 임대차 중에서 보증금액이 대통령령이 정하는 보증금액 이하여야 한다.

지역	환산보증금(소액임차인)	취우선변제 적용 임차인 (보증금의 범위)	최우선 변제액
서울특별시	9억 원 이하	6천 5백만 원 이하	2천 2백만 원
과밀억제권역(서울특별시 제외)	6억 9천만 원 이하	5천 5백만 원 이하	1천 9백만 원
부산광역시(기장군 제외)	6억 9천만 원 이하	3천 8백만 원 이하	1천 3백만 원
부산광역시(기장군)	6억 9천만 원 이하	3천만 원 이하	1천만 원
광역시(수도권 정비계획법에 따른 과밀억제권역에 포함된 지역과 군 지역), 안산시, 용인시, 김포시 및 광주시	5억 4천만 원 이하	3천 8백만 원 이하	1천 3백만 원
세종특별자치시, 파주시, 화성시	5억 4천만 원 이하	3천만 원 이하	1천만 원
그 밖의 지역	3억 7천만 원 이하	3천만 원 이하	1천만 원

선다형

01 위 사례에서 CPB의 상가건물임대차보호법에 관한 설명으로 옳지 않은 것은?

① 상가건물임대차보호법은 상가건물에 대하여 적용된다. 상가건물임대차보호법의 규정에 의한 상가건물이란 세무서에 사업자등록의 대상이 되는 상가건물(영업용 건물)을 말한다. 따라서 동창회 사무실 등 비영리단체의 건물 임대차에도 이 법이 적용된다.

② 상가건물임대차보호법은 상가건물의 임대차에 대하여 적용된다. 그러나 일시사용을 위한 임대차임이 명백한 경우에는 이 법을 적용하지 아니한다.

③ 환산보증금이란 보증금과 월세환산액(월세를 보증금으로 환산한 금액: 월세×100)을 합한 금액을 말한다.

④ 권리금 지급방해 금지기간은 임대차 종료 6개월 전에서 종료까지이다.

⑤ 상가건물의 임차인이 대항요건(상가건물의 인도와 사업자등록신청)을 갖추고 임대차 계약서상의 확정일자를 받으면 건물이 경매 또는 공매되는 경우 확정일자 날인일과 다른 담보물권의 설정일을 비교하여 후순위의 담보물권에 대하여 우선변제권이 인정된다.

정답 › ①

해설 › 상가건물임대차보호법은 상가건물에 대하여 적용된다. 상가건물임대차보호법의 규정에 의한 상가건물이란 세무서에 사업자등록의 대상이 되는 상가건물(영업용 건물)을 말한다. 따라서 동창회 사무실 등 비영리단체의 건물 임대차에는 이 법이 적용되지 않는다.

02 위 사례에서 CPB가 고객에게 상가건물임대차에서 계약갱신 등에 관해 설명한 내용으로 옳지 않은 것은?

① 상가건물의 임대차계약기간은 자유로이 정할 수 있다. 그러나 기간을 정하지 않거나 기간을 1년 미만으로 정한 상가건물의 임대차는 그 기간을 1년으로 본다.

② 임차인은 임대차기간 만료 전 3월 전부터 1월 전까지 사이에 임대인에게 계약갱신 청구를 주장할 수 있다. 이때 임대인은 정당한 사유 없이 이를 거절하지 못한다.

③ 임차인의 계약갱신요구권은 최초의 임대차기간을 포함하여 전체 임대차기간이 10년을 초과하지 않는 범위 내에서만 행사할 수 있다.

④ 임차인은 1년의 임대차계약이 종료하면 계약을 해지할 수도 있고 더 연장하고 싶다면 다시 계약갱신요구권을 행사하여 총 10년 동안 임대차 존속기간을 보장받아 영업을 할 수 있다.

⑤ 최우선변제권이라 함은 임차상가건물이 경매 또는 공매에 의하여 소유권이 이전되는 경우에도 경매절차에서 임대상가건물가액의 2분의 1 범위 안에서 보증금 중 일정액을 모든 권리자보다 최우선하여 배당받을 수 있는 권리를 말한다.

정답 › ②

해설 › 임차인은 임대차기간 만료 6월 전부터 1월 전까지 사이에 임대인에게 계약갱신 청구를 주장할 수 있다. 이때 임대인은 정당한 사유 없이 이를 거절하지 못한다.

03 상가건물임대차보호법에 대한 다음 설명 중 옳지 않은 것은?

① 상가건물의 대항력은 상가건물의 임차인이 임대인으로부터 건물을 인도받고, 세무서에 사업자등록을 신청한 경우 신청 다음 날부터 발생한다.

② 상가건물로서 사업자등록의 대상이 되는 영업용 건물의 임대차에 적용된다.

③ 임대차기간을 정하지 않았거나 1년미만으로 정한 상가건물 임대차계약은 그 기간을 1년으로 본다.

④ 최우선변제권이 있는 소액임차인이 되려면 대항력을 갖추고 지역별로 소액임차보증금 이하일 경우 보증금 증 일정액을 최우선적으로 변제 받을 수 있다.

⑤ 최우선적으로 보호되는 소액임차 보증금액의 합계액이 임차상가에 대한 경매대금의 4분의1을 초과 할 수 없다.

정답 › ⑤

해설 › 최우선적으로 보호되는 소액임차 보증금액의 합계액이 임차상가에 대한 경매대금의 2분의1을 초과 할 수 없다.

단답형

04 위 사례에서 차임 또는 보증금의 증감청구권에 대한 설명이다. CPB와 고객의 상담 내용에서 (   )에 알맞은 내용을 기재하시오.

고객: 상가 임차인의 차임 또는 보증금의 증감청구에 대하여 알고 싶습니다.

CPB: 고객님께 차임 또는 보증금의 증감청구권의 구분에 대해 설명드립니다.
차임 또는 보증금이 임차건물에 관한 조세, 공과금, 기타 부담의 증감이나 경제사정의 변동으로 인하여 상당하지 아니하게 된 때에는 당사자는 장래에 대하여 그 증감을 청구할 수 있습니다. 차임 또는 보증금의 증액청구는 청구 당시의 차임 또는 보증금의 연 (①)%의 금액을 초과하지 못합니다.
다만, 감액의 경우에는 제한이 없습니다. 또한 증액청구는 임대차계약 또는 약정한 차임 등의 증액이 있은 후 (②) 이내에는 하지 못합니다.

정답 › ① 5, ② 1년

해설 › 차임 또는 보증금이 임차건물에 관한 조세, 공과금, 기타 부담의 증감이나 경제사정의 변동으로 인하여 상당하지 아니하게 된 때에는 당사자는 장래에 대하여 그 증감을 청구할 수 있다. 차임 또는 보증금의 증액청구는 청구 당시의 차임 또는 보증금의 연 5%의 금액을 초과하지 못한다.
증액청구는 임대차계약 또는 약정한 차임 등의 증액이 있은 후 1년 이내에는 하지 못한다.

05 **위 사례에서 월차임전환산정률에 대한 설명이다. cpb와의 고객상담 내용에서 (   )에 알맞은 내용을 기재하시오.**

> 상가건물임대차보호법에서 월차임 전환산정률은 연(①)%와 한국은행기준금리에 (②)배수를 곱한 비율(%)과 비교하여 낮은 비율로 월차임 전환이율을 정한다.

정답 › ① 12, ② 4.5

해설 › 상가건물임대차보호법에서 월차임 전환산정률은 연 12%와 한국은행 기준금리에 4.5배수를 곱한 비율(%)과 비교하여 낮은 비율로 월차임전환이율을 정한다.

약술형

06 **위 사례에서 환산보증금액이 초과 되어도 상가건물임대차보호법에 적용되는 규정은?**

정답 ›
1. 대항력 등
2. 계약 갱신 요구 등
3. 계약갱신의 특례
4. 권리금회수기회 보호 등
5. 표준권리금 계약서의 작성 등
6. 차임연체와 해지
7. 폐업으로 인한 임차인의해지권

해설 › 우선변제권, 임차권명령제도, 차임증감청구권 5%이내 규정은 환산보증금액이 초과 시 적용되지 않는다.

사례 22 | 부동산 투자설계

질문을 위한 기본정보

경기도 과천시에 사는 회사원 나대한(35) 씨. 2020년 4월 30일 결혼식을 해서 3년 차가되었고 두 살 나가을을 키우고 있다. 부부 합산 수입은 월 600만 원이고, 이 중 보육비로 월 150만 원이 나가고 200만 원 정도 저축을 한다. 지금까지 모아놓은 자산은 2억 3,000만 원이다. 앞으로 어떻게 투자해야 자산을 불릴 수 있을지 고민이다. 전세를 살고 있으므로 아이가 어릴 때 내 집도 장만하고 싶다.

나대한 씨는 무주택기간 3년, 주택청약종합저축 가입기간 7년, 부양가족 수 2명이다. 내 집을 마련하는 가장 빠른 길인 청약제도에 대하여 삼청은행에 근무하는 CPB에게 상담을 의뢰하였다.

선다형

01 위 사례에서 나대한 씨가 청약제도를 활용하여 신혼부부 특별공급으로 내 집 마련을 하려고 한다. 삼청은행 CPB의 설명으로 옳지 않은 것은?

① 경기도 과천시는 조정대상지역에서 해제되어 청약 규정이 완화되었다.
② 신혼부부 특별공급은 기존 부부 합산 1회에서 부부 각각 1회(총 2회)로 증가하였다고 설명하였다.
③ 특별공급은 분양가 9억 이하로 제한되어 분양물량이 나온다고 설명하였다.
④ 신혼부부 특별공급은 주거전용면적 85㎡ 이하의 분양주택에만 적용된다고 설명하였다.
⑤ 신혼부부 특별공급 대상자는 입주자모집공고일 기준 혼인기간이 7년 이내의 신혼부부에게 신규 분양 아파트 청약 자격을 주는 것을 말한다고 설명하였다.

정답 › ③

해설 › 신혼부부 특별공급은 분양가 9억 이하 제한 규정이 2023년 폐지되었다.

02 위 사례에서 내 집 마련 전략에 대한 설명으로 옳지 않은 것은?

① 신혼부부 특별공급 조건 중 신혼부부의 기준은 결혼식 날짜다.
② 신청자 본인이 만 30세 이전에 결혼하지 않은 경우는 만 30세부터 입주자 모집공고일까지 무주택기간으로 본다.
③ 청약예금과 청약부금은 지역별 청약예금 예치금에 상당하는 금액이 예치돼 있으면 된다.
④ 민영아파트 일반분양에서 맞벌이 부부의 경우는 전년도 도시근로자 가구당 월 평균 소득의 160% 이하면 된다.
⑤ 신혼부부 특별공급의 공급조건은 무주택 세대구성원이어야 한다. 다만, 신혼부부는 혼인신고일로부터 입주가 모집공고일까지 계속하여 무주택자여야 한다.

정답 › ①
해설 › 신혼부부 특별공급 조건에서 신혼부부의 기준은 결혼식 날짜가 아니리 혼인신고일이다.

03 주택청약제도에 관한 다음 설명 중 옳은 것은?

① 주택청약종합저축은 미성년자의 경우 청약자격은 만 20세 때부터 부여된다.
② 주택청약종합저축은 투기과열지구의 경우 가입 후 2년이 경과해야 주택청약 1순위 자격이 주어진다.
③ 민영주택의 경우 주거전용면적 85㎡ 초과는 투기과열지구 내 분양은 가점 50%와 추첨 50%이다.
④ 가점제에서 무주택기간은 총점 32점으로 만 35세 이상부터 본인과 배우자의 무주택기간이 적용된다.
⑤ 가점제에서 부양가족 수는 본인을 제외하고 계산하며 30점 만점이다.

정답 › ②
해설 › 투기과열지구나 청약과열지역은 가입 후 2년이 경과해야 주택청약 1순위 자격이 주어진다.
① 주택청약종합저축은 미성년자의 경우 청약자격은 만 19세 때부터 부여된다.
③ 민영주택의 경우 주거전용면적 85㎡ 이하로서 수도권 공공택지와 투기과열지구 내 분양은 가점제 80%, 추첨제 20% 적용된다.
④ 무주택기간은 총점 32점으로 만 30세 이상부터 본인과 배우자의 무주택기간이 적용된다.
⑤ 부양가족 수는 본인을 제외하고 계산하며 35점 만점이다.

단답형

04 **위 사례에서 청약제도에 대한 설명이다. CPB와 고객의 상담 내용에서 (   )에 알맞은 내용을 기재하시오.**

> CPB: 고객님께 주택공급에 관한 규칙 개정에 따른 내용 중 민영주택 가점제와 추첨제 적용비율을 설명드리고자 합니다.
>
> 고객: 비규제지역에서 비율은 어떻게 되나요?
>
> CPB: 비규제지역에서 가점제 적용비율에서 민영주택의 경우 주거전용면적 85㎡ 이하의 가점제 (①)% 이하(지자체 결정) 85㎡ 초과는 추첨제로 (②)%로 변경되었다고 설명하였습니다.

정답 › ① 40, ② 100

해설 › 비규제지역에서 가점제 적용비율에서 민영주택의 경우 주거전용면적 85㎡ 이하의 가점제 40% 이하(지자체 결정) 85㎡ 초과는 추첨제로 100%로 변경되었다고 설명하였습니다.

05 **주택 전매제한기간에 대한 설명으로 (   ) 속에 알맞은 내용으로 옳은 것은?**

> 사업주체가 수도권에서 건설 · 공급하는 경우 공공택지(분양가 상한제 적용) 및 규제지역은 (①) 년, 과밀억제권역은 (②) 년으로 적용된다.

정답 › ① 3, ② 1

해설 › 사업주체가 수도권에서 건설 · 공급하는 공공택지(분양가 상한제 적용) 및 규제지역은 3년, 과밀억제권역은 1년으로 주택 전매제한기간이 적용된다.

약술형

06 **위 사례에서 CPB와 고객의 상담 내용 가운데 청약제도에서 신혼부부 특별공급 선정방법의 소득 구분과 순위에 대하여 서술하시오.**

정답 신혼부부 특별공급의 선정방법

① 소득구분

(1단계) 신생아 우선공급 (15%) : 입주자모집공고일 현재 2세 미만(2세가 되는 날을 포함)의 자녀가 있는 신청자로서, 세대의 월평균 소득이 전년도 도시근로자 월평균 소득의 100% 이하(부부 모두 소득이 있는 경우 120% 이하)인 분

* 경쟁이 있는 경우 아래 ③의 순서에 따라 입주자 선정

(2단계) 신생아 일반공급 (5%) : 입주자모집공고일 현재 2세 미만(2세가 되는 날을 포함)의 자녀가 있는 신청자로서, 세대의 월평균 소득이 전년도 도시근로자 월평균 소득의 100% 초과 140% 이하(부부 모두 소득이 있는 경우 120% 초과 160% 이하)인 분

* 1단계 낙첨자를 포함하며, 경쟁이 있는 경우 아래 ③의 순서에 따라 입주자 선정

(3단계) 우선공급 (35%) : 세대의 월평균 소득이 전년도 도시근로자 월평균 소득의 100% 이하(부부 모두 소득이 있는 경우 120% 이하)인 분

* 2단계 낙첨자 중 1단계 신청자를 포함하며, 경쟁이 있는 경우 아래 ② → ③의 순서에 따라 입주자 선정

(4단계) 일반공급 (15%) : 세대의 월평균 소득이 전년도 도시근로자 월평균 소득의 100% 초과 140% 이하(부부 모두 소득이 있는 경우 120% 초과 160% 이하)인 분

* 2단계 낙첨자 중 2단계 신청자 및 3단계 낙첨자를 포함하며, 경쟁이 있는 경우 아래 ② → ③의 순서에 따라 입주자 선정

(5단계) 추첨공급 : 세대의 월평균 소득이 전년도 도시근로자 월평균 소득의 140% (부부 모두 소득이 있는 경우 160%) 초과하나, 부동산가액이 3억 3,100만 원 이하인 분

* 4단계 낙첨자를 포함하며, 경쟁이 있는 경우 추첨으로 입주자 선정

② 순위

(1순위) 입주자모집공고일 현재 혼인관계에 있는 배우자와의 사이에서 출산한 미성년 자녀가 있는 경우

* 임신 및 입양자녀 포함, 전혼자녀 제외

* 「민법」 제855조 제2항에 따라 혼인 중의 출생자로 인정되는 혼인외의 출생자가 있는 경우를 포함

(2순위) 자녀가 없거나 아래의 특례에 해당하는 분

* 특례 : 2018.12.10 이전에 기존 소유주택을 처분했고 처분일부터 입주자모집공고일까지 계속하여 무주택세대 구성원 유지 및 무주택기간이 2년을 경과한 분

③ 신생아 우선공급, 신생아 일반공급 및 순위 내 경쟁이 있는 경우

(1) 지역우선 공급기준 적용

(2) 미성년 자녀 수가 많은 분

(3) 미성년 자녀 수가 같은 경우 추첨

해설 청약제도 특별공급 가운데 신혼부부 특별공급은 결혼한 지 7년 이하의 신혼부부에게 신규 분양 아파트 청약 자격을 주는 것을 말한다.

사례 23 | 부동산 투자설계

질문을 위한 기본정보

김장미 씨는 2019년 4월 15일 사망한 나갑부 씨의 상속인으로 두 아들과 함께 살고 있다. 상속세 신고를 위한 세무업무와 상속 부동산인 경기도 광명시 소하동 소재 토지가 개발제한구역 등 규제가 많다는 이야기를 듣고 활용 방안을 알고 싶어졌다.

김장미 씨는 부동산 투자설계의 자문을 얻기 위해 삼청은행 홍길동 CPB에게 상담을 의뢰하였다.

Ⅰ. 고객정보

- 본인: 김장미(만 49세 2개월, 가정주부)
- 장남: 나가을(만 21세 3개월, 대학생)
- 차남: 나봄(만 17세 2개월, 고등학생)

Ⅱ. 상속재산

- 총상속재산가액 47억 원
- 임대보증금과 은행 차입금 5억 원

※ 법정지분대로 상속재산을 분할할 예정이며 장례비공제액은 고려하지 않는 것으로 가정한다.

Ⅲ 상속 부동산 상세

① 토지기본정보 (경기도 광명시 소하동 ○○○)

지목	면적	소유구분	
전	2,580㎡	개인	
고저	형상	방위	도로조건
평지	사다리	-	맹지

공시지가			개별주택가격		
기준연도	기준월	공시지가(원)	건물면적(㎡)	기준연도	주택가격(원)
2018년	01월	459,000	-	-	-

② 토지이용계획확인서

<table>
<tr><td rowspan="4">지역 · 지구 등 지정 여부</td><td>「국토의 계획 및 이용에 관한 법률」에 따른 지역 · 지구 등</td><td colspan="2">자연녹지지역</td></tr>
<tr><td rowspan="3">다른 법령 등에 따른 지역 · 지구 등</td><td>개발제한구역의 지정 및 관리에 관한 특별조치법</td><td>개발제한구역</td></tr>
<tr><td>수도권정비계획법</td><td>과밀억제권역</td></tr>
<tr><td>한강수계상수원수질개선 및 주민지원 등에 관한 법률</td><td>(한강)폐기물매립시설 설치제한지역</td></tr>
<tr><td colspan="2">「토지이용규제 기본법 시행령」 제9조 제4항 각호에 해당하는 사항</td><td>〈추가기재〉 농지법 제8조의 규정이 적용되는 농지</td><td></td></tr>
</table>

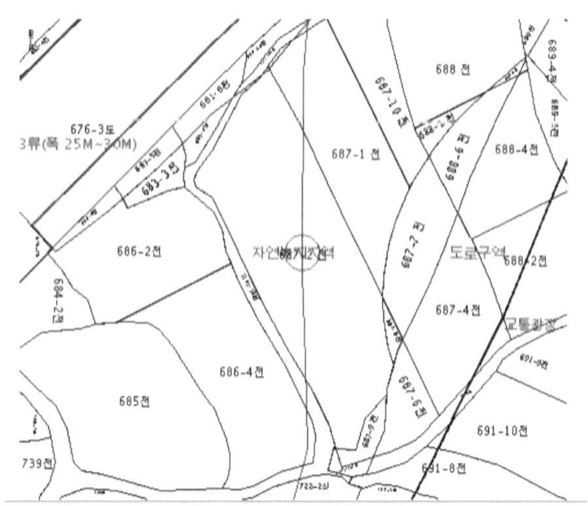

선다형

01 위 사례에서 CPB의 토지활용에 관한 설명으로 옳지 않은 것은?

① 상속에 의하여 농지를 취득하여 소유하려는 경우에는 농지 취득자격증명을 발급받아야 한다고 설명하였다.
② 농지를 농업 외의 용도로 사용하고자 하는 경우에는 먼저 전용허가를 받거나 전용신고를 한 후에 취득하여야 한다고 설명하였다.
③ 농지취득자격증명을 발급받고자 하는 자는 농업경영계획서를 작성하여 시·구·읍·면장에게 발급을 신청하여야 한다고 설명하였다.
④ 농업인이 아닌 자가 주말·체험 영농을 위해 농지를 취득하고자 하는 경우에는 1,000제곱미터 미만의 농지에 한하여 소유할 수 있다고 설명하였다.
⑤ 농지법에 의한 농업인이 농지를 취득하여 8년 이상을 농지 소재지에 거주하고 자경하면 양도소득세가 감면된다고 설명하였다.

정답 › ①
해설 › 상속(상속인에게 한 유증을 포함)에 의하여 농지를 취득하여 소유하려는 경우에는 농지취득자격증명을 발급받지 아니하고 농지를 취득할 수 있다.

02 위 사례에서 CPB가 고객에게 설명한 토지 활용에 관한 내용으로 옳지 않은 것은?

① 용도지역에서 자연녹지지역은 도시지역에 속한다.
② 도로와 전혀 맞닿은 부분이 없는 토지를 맹지라고 한다.
③ 물을 상시적으로 직접 이용하여 벼·연·미나리·왕골 등의 식물을 주로 재배하는 토지는 '전'으로 한다.
④ 개별공시지가는 양도소득세·상속세·종합토지세·취득세 등 국세와 지방세를 산정하는데 활용되며, 원칙적으로 매년 1월 1일이 기준이다.
⑤ 토지이용계획확인서를 통하여 거래대상토지의 용도지역·용도지구·용도구역·도시계획시설·지구단위계획구역 등의 포함여부를 확인할 수 있다.

정답 › ③
해설 › 지목 가운데 물을 상시적으로 직접 이용하여 벼·연·미나리·왕골 등의 식물을 주로 재배하는 토지는 '답'으로 한다.

03 다음 중 신청토지 소재지에 있는 토지 현황을 토지이용계획확인서에서 파악 할 수 있는 내용으로 옳지 않은 것은?

① 투기지역 여부
② 경관지구 여부
③ 공원구역 지정 여부
④ 토지거래허가구역 지정 여부
⑤ 지구단위계획구역지정 여부

정답 › ①
해설 › 투기지역 지정 여부는 토지이용계획확인서에서 파악 할 수 있는 내용이 아니다.

단답형

04 위 사례에서 용도지역제에 대한 설명이다. CPB와 고객의 상담 내용 중 (　　)에 알맞은 내용을 기재하시오.

> CPB: 고객님께 도시지역의 구분에 대해 설명드립니다.
> 도시지역은 주거지역, 상업지역, (①), 녹지지역으로 구분됩니다.
> 고객: 그러면 녹지지역은 어떻게 세분되어 있나요?
> CPB: 녹지지역은 자연환경·농지 및 산림의 보호, 보건위생, 보완과 도시의 무질서한 확산을 방지하기 위하여 녹지의 보전이 필요한 지역으로 (②), (③), 자연녹지지역으로 세분되어 있습니다.

정답 › ① 공업지역, ② 보전녹지지역, ③ 생산녹지지역
해설 › 녹지지역은 자연환경·농지 및 산림의 보호, 보건위생, 보완과 도시의 무질서한 확산을 방지하기 위하여 녹지의 보전이 필요한 지역으로 보전녹지지역, 생산녹지지역, 자연녹지지역으로 세분화되어 있다.

05 토지이용계획확인서에서 토지거래 허가구역에 관한 설명에서 (　　)에 들어갈 적합한 권리를 기재하시오.

> 허가대상은 허가구역 안에 있는 토지에 관한 (①) 과 (②)을 이전 또는 설정(대가를 받고 이전 또는 설정하는 경우에 한함)하는 계약(예약을 포함한다)을 체결하고자 하거나 허가받은 사항을 변경하고자 하는 것을 대상으로 한다.

정답 › ① 소유권, ② 지상권

해설 › 허가구역 안에 있는 토지에 관한 소유권·지상권(소유권·지상권의 취득을 목적으로 하는 권리를 포함한다.)을 이전 또는 설정(대가를 받고 이전 또는 설정하는 경우에 한한다.)하는 계약(예약을 포함한다.)을 체결하고자 하거나 허가받은 사항을 변경하고자 하는 것을 대상으로 한다.

약술형

06 위 사례에서 나오는 토지이용계획확인서를 통하여 확인할 수 있는 필지별 토지이용 관련 정보를 기술하시오.

정답 › 필지별 지역·지구 등의 지정 내용과 행위제한 내용 등의 토지이용 관련 정보를 확인하는 서류를 말한다. 토지이용계획확인서를 통하여 확인할 수 있는 필지별 토지이용 관련 정보는 다음과 같다.

① 지역·지구 등의 지정 내용
② 지역·지구 등에서의 행위제한 내용
③ 토지거래계약에 관한 허가구역
④ 군사기지 및 군사시설(군사기지 및 군사시설 보호구역, 대공방어협조구역, 비행안전구역) 지정 여부
⑤ 농지의 농업진흥지역(농업진흥구역, 농업보호구역)과 농업진흥지역 이외 지역 지정 여부
⑥ 산지에서 보전산지(임업용산지, 공익용산지)와 준보전산지 지정 여부
⑦ 자연공원 지정 여부
⑧ 상수원보호구역, 수질보전특별대책지역, 수변구역 지정 여부
⑨ 문화재보호구역 지정 여부
⑩ 전원개발사업구역, 전원개발사업예정구역 지정 여부 등

해설 › 토지이용계획확인서는 토지에 대한 토지이용 관련 정보를 파악할 수 있으며 토지이용계획확인서를 발급하고자 하는 자는 특별자치도지사, 시장·군수 또는 구청장에게 토지이용계획확인신청서(전자문서로 된 신청서 포함)를 제출하여야 하며, 토지이용계획확인신청서를 제출받은 특별자치도지사, 시장·군수 또는 구청장은 국토이용정보체계를 활용하여 토지이용계획확인서(전자문서로 된 확인서 포함)를 발급하여야 한다.

사례 24 | 부동산 투자설계

질문을 위한 기본정보

나대한 씨는 서울시 양천구에 있는 1986년에 준공된 본인 소유의 아파트에서 부인과 은퇴생활을 하고 있다. 세대분리 한 아들이 매월 보내주는 용돈 700천 원과 본인의 국민연금 수령액 320천 원으로 생활하고 있다. 거주 중인 아파트가 재건축 대상이어서 최근 재건축 규제강화로 어떤 영향이 있을지 궁금해하고 있다.

나대한 씨는 부동산투자 설계 자문을 얻기 위해 삼청은행 홍길동 CPB에게 상담을 의뢰하였다.

Ⅰ. 고객 정보

- 본인: 나대한(68세, 은퇴생활자)
- 부인: 김장미(66세, 전업주부)
- 아들: 나가을(35세, 대기업 과장, 연봉 84,000천 원)

Ⅱ. 재산내역

- 거주 주택(공시가격 800,000천 원)
- 금융자산 30,000천 원
- 부채(주택 담보) 50,000천 원
- 아들 보유 자산 500,000천 원

선다형

01 위 사례에서 재건축 규정에 대한 설명이다. CPB가 재건축에 대하여 궁금해하는 고객에게 설명한 내용으로 옳지 않은 것은?

① 정비기반시설이 양호한 지역이지만 노후·불량한 건축물에 해당하는 공동주택이 밀집된 지역을 대상으로 재건축 사업대상 지역을 정한다고 설명하였다.
② 공공재건축은 용적률 최대 500%, 층수 최대 50층으로 혜택을 받을 수 있다고 설명하였다.
③ 재건축 조합원은 재건축사업의 경우 조합이 시행하는 정비구역안의 토지 등의 소유자로서 조합설립에 동의한 자를 말한다고 설명하였다.
④ 투기과열지구로 지정된 재건축 단지는 재건축 조합원 지위 양도 제한 규정에서 1주택자로 10년 이상 보유하고 5년 이상 거주 시 예외 규정이 있다고 설명하였다.
⑤ 투기과열지구로 지정된 재건축 단지는 재건축절차 가운데 '관리처분인가' 시점부터 조합원 지위양도가 제한된다고 설명하였다.

정답 › ⑤
해설 › 투기과열지구 지정 시 조합설립인가 시점부터 조합원 지위양도가 제한된다.

02 위 사례에서 재건축제도에 대한 설명이다. 재건축 사업절차의 순서로 옳은 것은?

① 정비구역지정 → 조합설립인가 → 사업시행인가 → 분양공고 및 분양신청 → 관리처분계획의 인가 → 이주 및 착공
② 정비구역지정 → 조합설립인가 → 분양공고 및 분양신청 → 사업시행인가 → 관리처분계획의 인가 → 이주 및 착공
③ 정비구역지정 → 조합설립인가 → 사업시행인가 → 분양공고 및 분양신청 → 이주 및 착공 → 관리처분계획의 인가
④ 정비구역지정 → 사업시행인가 → 조합설립인가 → 분양공고 및 분양신청 → 관리처분계획의 인가 → 이주 및 착공
⑤ 시공사선정 → 정비구역지정 → 조합설립인가 → 사업시행인가 → 분양공고 및 분양신청 → 관리처분계획의 인가 → 이주 및 착공

정답 › ①

해설 › 정비기본계획의 수립 → 정비계획 수립 → 정비구역지정 → 조합설립추진위원회승인 → 조합설립인가 → 사업시행인가 → 분양공고 및 분양신청 → 관리처분계획의 인가 → 이주 및 착공 → 청산 → 조합해산

재건축 추진위원회승인 : 기존에는 재건축 추진위를 정비구역 지정 이후 꾸릴 수 있지만, 앞으로는 정비구역 지정 이전에도 가능하다. 사업 초기 단계에서 법적 지위를 가진 주체를 통해 안정적으로 사업을 진행하지 못하면 사업이 지연되는 요인이 될 수 있어 시기를 앞당겼다.

03 재건축사업과 재개발사업의 내용으로 옳지 않은 것은?

① 재건축사업은 정비기본계획수립 부터 시작하여 청산 및 조합해산의 단계를 거친다.

② 재건축사업은 조합설립추진위원회 승인 후 정비구역지정이 진행된다.

③ 재개발사업은 안전진단과 무관하게 추진절차를 진행할 수 있다.

④ 재개발사업은 정비기반시설이 열악한 지역으로 노후 불량한 건축물이 밀집된 지역을 대상으로 한다.

⑤ 재개발사업의 추진위원회가 조합을 설립하고자 하는 때는 토지 등 소유자의 4분의3 이상 및 토지면적 2분의1 이상의 토지소유자에게 동의를 얻어 인가를 받아야한다.

정답 › ②

해설 › 재건축사업에서 재건축 추진위원회승인 절차는 기존에는 정비구역 지정 이후 꾸릴 수 있었지만, 도시 및 주거환경정비법의 개정으로 정비구역 지정 이전에도 가능하다. 사업 초기 단계에서 법적 지위를 가진 주체를 통해 안정적으로 사업을 진행하지 못하면 사업이 지연되는 요인이 될 수 있어 시기를 조정했다.

단답형

04 **투기과열지구 내 정비사업을 시행하는 경우 조합원 지위 양도제한에서 예외가 인정되는 규정으로 ( )에 알맞은 내용을 기재하시오.**

> 사업시행인가일부터 (①)년 이내에 착공되지 아니한 재건축사업의 토지 또는 건축물을 3년 이상 계속하여 소유하고 있는 자
> 착공일부터 3년 이내에 준공되지 아니한 재개발사업·재건축사업의 토지를 (②)년 이상 계속하여 소유하고 있는 자

정답 › ① 3, ② 3

해설 › ① 사업시행인가일부터 3년 이내에 착공되지 아니한 재건축사업의 토지 또는 건축물을 3년 이상 계속하여 소유하고 있는 자
② 착공일부터 3년 이내에 준공되지 아니한 재개발사업·재건축사업의 토지를 3년 이상 계속하여 소유하고 있는 자

05 **위 사례에서 재건축제도에 대한 설명이다. CPB와 고객의 상담 내용 중 ( )에 알맞은 내용을 기재하시오.**

> 재건축사업의 추진위원회(추진위원회를 구성하지 아니하는 경우에는 토지등 소유자를 말함)가 조합을 설립하려는 때에는 주택단지 공동주택의 각 동(복리시설의 경우에는 주택단지의 복리시설 전체를 하나의 동으로 봄)별 구분소유자의 (①) 동의(공동주택의 각 동별 구분소유자가 5 이하인 경우는 제외한다)와 주택단지 전체 구분소유자의 (②) 이상 및 토지면적 (③) 이상 토지 소유자의 동의를 받아 시장·군수 등의 인가를 받아야 합니다.

정답 › ① 과반수, ② 4분의 3, ③ 4분의 3

해설 › 재건축사업의 추진위원회(제31조 제4항에 따라 추진위원회를 구성하지 아니하는 경우에는 토지등 소유자를 말한다)가 조합을 설립하려는 때에는 주택단지 공동주택의 각 동(복리시설의 경우에는 주택단지의 복리시설 전체를 하나의 동으로 본다)별 구분소유자의 과반수(복리시설의 경우 1/3 이상) 동의(공동주택의 각 동별 구분소유자가 5 이하인 경우는 제외한다)와 주택단지 전체 구분소유자의 4분의 3 이상 및 토지면적 4분의 3 이상 토지 소유자의 동의를 받아 첨부하여 시장·군수 등의 인가를 받아야 한다.

약술형

06 **위 사례 중 재건축 중 공공재건축과 공공재개발의 사업유형, 기부채납, 선정 대상 및 혜택에 대하여 서술하시오.**

정답 〉 공공재건축과 공공재개발은 사업유형이 시장 · 군수 등 또는 토지주택공사 등(조합과 공동으로 시행하는 경우를 포함)이 시행자나 대행자이어야 한다.

해설 〉

공공재개발	항목	공공재건축
공공 단독시행, 공공 · 조합 공동시행	사업유형	공공관리, 지분참여 방식
조합원 물량 제외 50%	기부채납	증가용적률 50~70%
정비구역, 정비해제구역, 정비예정구역	대상	재건축 안전진단 통과, 사업시행인가 이전 단계
용적률 최대 360%, 기부채납 비율 완화	혜택	용적률 최대 500%, 층수 최대 50층
용도지역 상향		준주거 지역 주거 비율 완화
분양가 상한제 제외		공원 설치 의무 완화
확정 수익 보장		T/F를 통한 빠른 사업추진 지원
사업비 및 이주비 융자 지원		기본형 건축비로 임대주택 매입
공공이 분담금 대납(지분형 주택 제도)		특별건축구역 지정
통합심의위원회 운영		

사례 25 | 부동산 투자설계

질문을 위한 기본정보

나대한 씨는 IT업에 종사하는 개인사업자로 연 수입 150,000천 원이고 작년 말에 김장미 씨와 재혼했다. 김장미 씨(48세)는 현재 전업주부이다. 재혼을 통해 새로운 가족이 탄생하였지만 안정적인 가정을 꾸리기를 희망하고 있으며, 자녀의 독립을 위해 상가 매입을 통해서 임대수익을 얻게 해주고자 한다. 나대한 씨는 가족의 투자설계, 부동산설계에 대한 자문을 얻기 위해 삼청은행 홍길동 CPB에게 상담을 의뢰하였다.

Ⅰ. 가족사항

- 나대한(55세): 남편, 개인사업자로 연 수입 150,000천 원
- 김장미(48세): 부인, 전업주부
- 나가을(20세): 나대한 씨 아들, 올해 대학교 2학년이 됨, 발달장애 3급
- 봄(17세): 김장미 씨 딸, 올해 고등학교 2학년이 됨

Ⅱ. 투자상품 현황

① 상가의 투자조건

- 투자대상 상가는 5개의 점포를 임대할 수 있으며 임대조건은 아래와 같음
  - 임대 시 점포당 보증금은 20,000천 원이며 월 임대료는 1,000천 원임
  - 보증금에 대한 운용이율은 5%로 예상됨
  - 공실 및 대손충당금: 가능총소득의 5%
  - 영업경비: 유효총소득의 40%
- 투자 시 40%를 자기자본으로 조달할 계획
  - 자기자본투자자의 지분환원율: 6%
  - 대출 조건: 기간 20년, 대출이자율 4%, 매월 말 원리금 균등상환 조건,
    대출상수(연): 0.0727
- 투자안의 수익가격은 금융적 투자결합법을 이용하여 산정함

선다형

01 순영업수익에서 세전현금수익의 분석절차이다. 아래 ㉣에 들어갈 적당한 내용으로 옳은 것은?

	가능총수익 - (ㄱ) + (ㄴ)
=	유효총수익 - (ㄷ)
=	순영업수익 - (ㄹ)
=	세전현금수익(세전현금흐름)

① 유지관리비 + 영업경비
② 영업경비 + 공실 및 임대료수입손실
③ 세금 및 공과금 + 감가상각비
④ 원리금상환액
⑤ 공실 및 임대료수입손실 + 원리금상환액

정답 › ④
해설 › 세전현금수익은 순영업수익에서 부채서비스액(대출원리금상환액)을 제한 것으로, 부채서비스액에는 원리금상환액과 대출이자 지급액이 포함된다.

02 나대한 씨는 현금을 나가을에게 증여한 뒤 근린상가를 매입하도록 하여 나가을이 임대수입을 통해 경제적으로 독립할 수 있도록 하는 방안을 검토 중이다. 주어진 자료를 토대로 상기의 가치를 적절하게 산정한 것은?

① 약 409,000천 원
② 약 485,000천 원
③ 약 504,000천 원
④ 약 548,000천 원
⑤ 약 650,000천 원

정답 › ④

해설 › • 가능총수익: (20,000천 원 × 5개 × 5%) + (1,000천 원 × 12개월 × 5개) = 65,000천 원
• 순영업수익: 65,000천 원 × 0.95 × 0.6 = 37,050천 원
※ 1 – 공실률 = 0.95, 1 – 영업경비율 = 0.6
• 종합환원율 산정
- 종합환원율: 0.4 × 0.06 + 0.6 × 0.0727 = 0.0676
- 수익가격: 37,050천 원 / 0.0676 = 548,077천 원

03 **나대한 씨는 자신의 노후대비를 위해서 최근 입주를 앞두고 있는 아파트의 단지 내 상가에 투자를 고려하고 있다. 투자 준비 중인 부동산의 1차 연도 유효총수익은 30,000천 원이며 영업경비는 10,000천 원이다. 유효총수익은 매년 10%씩 상승하고 영업경비는 5%씩 상승할 것으로 예상된다. 나대한 씨는 3년간 부동산을 보유할 계획이며 매도가격산정을 위한 유효총수익승수는 4이다. 시장이자율이 10%인 경우 부동산의 투자가치는?**

① 약 152,000천 원
② 약 164,900천 원
③ 약 175,000천 원
④ 약 184,000천 원
⑤ 약 210,000천 원

정답 › ②

해설 ›

(단위: 천 원)

구분	1차 연도	2차 연도	3차 연도	매각가치
유효총수익	30,000	33,000	36,300	36,300천 원 × 4(승수) = 145,200천 원
영업경비	10,000	10,500	11,025	
순영업수익	20,000	22,500	25,275	

∴ 부동산의 가치 : $\frac{20,000\text{천 원}}{1.1} + \frac{22,500\text{천 원}}{1.1^2} + \frac{25,275\text{천 원} + 145,200\text{천 원}}{1.1^3}$

= 164,857천 원

단답형

04 **위 사례에서 투자가치에 대한 설명이다. CPB와 고객의 상담 내용 중 (   )에 알맞은 내용을 기재하시오.**

> 투자대상 부동산에 대하여 투자자가 부여하는 주관적 가치로서, 부동산 소유로부터 기대되는 미래의 수익을 현재가치로 환원한 값을 (①)라고 합니다.
> 그리고 유효총수익에서 영업경비를 차감하여 산정하는 수익은 (②)수익입니다.

정답 › ① 투자가치, ② 순영업

해설 ›
- 투자가치는 투자대상 부동산에 대하여 투자자가 부여하는 주관적 가치로서, 부동산 소유로부터 기대되는 미래의 수익을 현재가치로 환원한 값이다. 투자가치를 구할 때는 할인율로 요구수익률을 사용한다.
- 유효총수익에서 영업경비를 차감하면 순영업수익이 된다.

05 **종합환원율 산정방법에서 금융적 투자결합법에 대한 설명이다. (   )에 알맞은 내용을 기재하시오.**

> 금융적 투자결합법은 투자자를 자기자본투자자와 타인자본투자자로 구분한 후 각 투자자의 환원이율을 가중 평균하여 (①)을 산정한다. 이때 원금상환을 고려하여 대출자의 환원이율을 (②)로 하고 지분투자자의 환원이율과 각각의 비율대로 가중평균하여 종합환원율을 산정한다.

정답 › ① 종합환원율, ② 대출상수

해설 › 금융적 투자결합법은 투자자를 자기자본투자자와 타인자본투자자로 구분한 후 각 투자자의 환원이율을 가중 평균하여 종합환원율을 산정한다. 이때 원금상환을 고려하여 대출자의 환원이율을 대출상수로 하고 지분투자자의 환원이율과 각각의 비율대로 가중평균하여 종합환원율을 산정한다.

약술형

06 **위 사례에서 CPB와 고객의 상담 내용 중 상가의 순영업수익 산정 시 운영과정에서 발생하는 비용인 영업경비에 대하여 설명하시오.**

정답 › 투자부동산에 대한 유지관리비, 당해 부동산의 재산세, 화재보험료, 수도료, 전기료 등이 포함된다.
해설 › 상가투자 시 '순영업수익 = 유효총수익 - 영업경비'이다.

사례 26 | 부동산 투자설계

질문을 위한 기본정보

나대한 고객은 부동산투자에 대하여 많은 관심이 있다. 수익형부동산 투자 시 주의하고 확인해야 할 내용과 투자수익의 산정과 직접환원법 및 할인현금분석법을 통한 가치산정을 받고자 나대한 고객은 해당과목과 관련한 업무의 자문을 얻기 위해 삼청은행 홍길동 CPB에게 상담을 의뢰하였다.

Ⅰ. 고객정보

- 본인: 나대한(만 45세, 의사)
- 배우자: 김장미(만 40세, 주부)
- 자녀: 아들 나가을(만 10세, 학생)

Ⅱ. 부동산 정보 등

현재 주택을 소유하고 있으며 단지 내 상가를 임차하여 의원을 운영 중이다. 향후 꼬마빌딩 이나 상가를 구입하여 직접 의원을 경영하거나 임대사업을 하고자 한다.

선다형

01 **다음 중 부동산투자 결정요소에서 투자채택의 투자의사결정이 가장 옳은 것은?**

① 시장가치 〉 투자가치
② 수익성지수 〈 1
③ 투자사업에 대한 순현가(NPV) 〈 0
④ 요구수익률 〈 내부수익률, 순현가(NPV) 〉 0
⑤ 요구수익률 〈 내부수익률, 순현가(NPV) 〈 0

정답 › ④

해설 › 내부수익률(IRR) 〉 요구수익률 : 투자함. (p.168), 순현가(NPV) 〉 0 : 투자선택

① 시장가치 〈 투자가치 투자가치가 커야 투자를 선택한다.
투자가치 〉 시장가치 : 투자함
투자가치 〈 시장가치 : 투자안함
② 수익성 지수가 1보다 큰 경우 투자를 선택한다.
③ 순현가(NPV) 〉 0 : 투자함
순현가(NPV) 〈 0 : 투자안함
④ 내부수익률(IRR) 〉 요구수익률 : 투자함
내부수익률(IRR) 〈 요구수익률 : 투자안함

02 **나대한씨가 투자하고자 하는 대상부동산의 순영업소득(NOI)으로 옳은 것은?**

• 건축연면적 ································· 1,800㎡
• 유효임대면적 비율 ······················ 80%(건축 연면적 대비)
• 연 평균임대료 ···························· 5,000원/㎡
• 영업경비율 ································· 50%(유효총수익 기준)
• 평균공실률 ································· 5%
• 연간 부채서비스액 ······················ 500원/㎡(유효 임대면적 기준)

① 320만 원
② 324만 원
③ 342만 원
④ 340만 원
⑤ 380만 원

정답 › ③

해설 › 순영업소득(NOI)

- 가능총수익(PGI) = (1,800㎡ * 80%) * 5,000원/㎡ = 720만 원
- 유효총수익(EGI) = 720만 원 - (720만 원 * 5%) = 684만 원
- NOI = 684만 원 - (684만 원 * 50%) = 342만 원

03 다음의 상황과 관련한 설명으로 적절하지 않은 것은?

> 나대한 씨가 보유하고 있는 상가의 종합수익률은 2018년 6%였으며 대출이자율은 4%, 대출비율은 50%였다. 2019년에 경기침체로 부동산의 종합수익률이 5%로 하락할 것으로 예상되며 주택 구입자금을 마련하기 위해서 대출비율을 80%로 높이는 것을 고민하고 있다. 삼청은행에 문의한 결과 기존의 대출비율을 유지할 경우 2019년의 대출이자율은 3%로 하락할 예정이나 대출비율을 80%로 상승시키면 기존 대출이자율이 그대로 적용된다.

① 2018년의 자기자본수익률은 8%로 정(+)의 레버리지 효과가 나타난다.

② 2018년과 2019년 모두 종합수익률이 대출이자율보다 높으므로 정(+)의 레버리지 효과가 나타난다.

③ 2019년에 대출비율을 80%로 높이면 대출비율을 유지하는 경우보다 자기자본수익률이 2%p 상승한다.

④ 2019년에 대출비율을 80%로 할 경우에는 2018년보다 자기자본수익률이 3%p 높아진다.

⑤ 레버리지 효과를 위해서 대출비율을 높일 경우 투자의 위험도 상승한다.

정답 › ④

해설 ›

- 2018년의 자기자본수익률 = $6\% + (6\% - 4\%) \times \frac{50\%}{50\%} = 8\%$
- 2019년 대출비율 50% 유지 시의 자기자본수익률 = $5\% + (5\% - 3\%) \times \frac{50\%}{50\%} = 7\%$
- 2019년 대출비율 80%로 높이는 경우의 자기자본수익률 = $5\% + (5\% - 4\%) \times \frac{80\%}{20\%} = 9\%$

※ 2019년에 대출비율을 80%로 할 경우에는 2018년 자기자본수익률 8%보다 자기자본수익률이 1%p 높아진다.

단답형

04 **부동산투자가치의 측정에서 장래 현금흐름에 관한 설명으로 (   )에 알맞은 내용을 기재하시오.**

> 유효총수익은 가능총수익에 (①) 및 불량부채에 대한 손실과 기타 수입을 반영한 것이다.
> 그리고 세전현금흐름은 순영업수익에서 (②)을 차감하여 계산한다.

정답 › ① 공실, ② 부채서비스액

해설 ›
- 유효총수익은 가능총수익에 공실 및 불량부채에 대한 손실과 기타 수입을 반영한 것이다.
- 세전현금흐름은 순영업수익에서 부채서비스액(debt service)을 차감하여 계산한다.

05 **나대한 씨가 주택구입 시 타인자본을 이용하여 자기자본수익률을 높이는 효과를 무엇이라고 하는가?**

정답 › 레버리지효과

해설 › 타인자본을 이용하여 투자의 산출효과를 높이는 행위를 지렛대효과 또는 레버리지효과라고 한다.

약술형

06 할인현금흐름분석법을 통한 가치산정에서 화폐의 시간가치의 필요성과 미래가치 3가지의 종류와 현재가치의 3가지 종류를 간략하게 설명하시오.

정답 〉 화폐의 시간가치의 필요성 : 부동산투자는 투자시점과 수익이 발생하는 시점이 일치하지 않는 경우가 많다. 투자결정시 유의해야 하는 점은 미래의 수익과 현재지출은 화폐의 시간가치가 다르다는 것이다. 화폐의 시간가치를 계산하기 위해서는 미래가치와 현재가치의 계산법을 이해 해야하며 부동산의 경우 상대적으로 투자기간이 장기이므로 화폐의 시간가치분석이 필수적이다.

미래가치: 일시금의 미래가치, 연금의 미래가치, 감채기금계수

현재가치: 일시금의 현재가치, 연금의 현재가치, 저당상수

해설 〉 미래가치: 일시금의 미래가치, 연금의 미래가치, 감채기금계수

현재가치: 일시금의 현재가치, 연금의 현재가치, 저당상수

Korea Banking Institute

세금설계 및 상속설계

[사례 27] ~ [사례 33]

사례 27 | 세금설계 및 상속설계

질문을 위한 기본정보

서울 강남에 거주하는 나대한 씨는 서울에 주택 2채를 보유하고 있다. 신규로 서울의 주택을 구입해 월세를 받고 싶은데, 다주택자로 세금에 불이익을 받지 않을 까 걱정이 앞선다. 주위에서 주택임대사업자로 등록하면 여러 가지 세금 혜택이 있다고 하는데, 세부적으로 알고 싶어 삼청은행 CPB 홍길동 팀장에게 상담을 의뢰하였다.

〈세금 자료〉

① 거주주택 A
- 위치: 서울(서초구 소재)
- 전용면적: 65㎡, 주택 공시가격: 7억 원
- 보유기간 및 거주기간: 10년 보유, 10년 거주

② 임대주택 B 단독주택
- 위치: 서울(용산구 소재)
- 보유기간: 8년
- 현재 주택임대사업자 미등록 상태
- 전용면적: 53㎡, 주택 공시가격: 2억 원

③ 구입 예정 주택 C 단독주택
- 계약일: 2023년 5월 4일(개인으로부터 매입)
- 최종 잔금 지급일: 2023년 7월 4일
- 위치: 서울(강남구 소재)
- 전용면적: 33㎡, 취득예정가액: 6억 원, 주택 공시가격: 4억 원

선다형

01 위 사례에 제시된 기존 보유 임대주택과 신규로 구입할 예정인 주택 모두 장기주택임대 사업자로 등록할 경우 다음 설명 중 옳지 않은 것은?

① 이번에 신규로 취득하는 서울 주택(강남구)을 장기주택임대사업자로 등록하면 종합부동산세 합산배제 신청을 할 수 있다.
② 기존에 임대하고 있는 서울 주택(용산구)을 장기주택임대사업자로 등록하면 종합부동산세 합산배제 신청을 할 수 있다.
③ 기존에 임대하고 있는 서울 주택(용산구)을 장기주택임대사업자로 등록 후 의무임대기간 이후 양도하는 경우 양도소득세 중과세율을 적용하지 않는다.
④ 구청에 장기주택임대사업자로 등록한 경우에는 의무적으로 10년 이상 임대를 해야 한다.
⑤ 기존에 임대하고 있는 서울(용산구)에 있는 주택을 장기주택임대사업자로 등록하면 임대소득에 대한 종합소득세를 감면받을 수 있다.

정답 › ①

해설 › 2018년 9월 14일 이후 신규로 취득하는 서울 주택은 조정대상지역에 위치한 주택이므로 장기주택임대사업자 등록을 한 경우에도 종합부동산세 합산배제가 되지 않는다. 즉, 종합부동산세를 합산과세 한다.

02 나대한 씨가 주택 B와 C를 임대사업자 등록 후 거주하는 주택 A를 양도할 경우 양도소득세에 관한 다음 설명 중 옳은 것은?

① 주택 A의 양도소득세 비과세를 위해서는 주택 B만 장기주택임대사업자로 등록하면 된다.
② 주택 A의 양도소득세 비과세를 위해서는 주택 B와 주택 C 모두 주택임대사업자 등록을 해야 한다.
③ 주택 A의 양도소득세 비과세를 받기 위해서는 거주요건이 필요 없다.
④ 주택 B와 주택 C 모두 기준시가 3억 원 이하가 되어야 하므로 주택 A 양도 시 비과세를 받을 수 없다.
⑤ 거주주택 비과세를 받기 위해서는 임대사업자로 등록하는 주택 B와 주택 C의 임대료 인상 상한 요건을 충족할 필요가 없다.

정답 › ②

해설 › ① 주택 B와 C 모두 주택임대사업자로 등록해야 한다.
③ 주택 A의 양도소득세 비과세를 받기 위해서는 2년 이상 거주해야 한다.
④ 주택 B와 주택 C는 수도권이므로 6억 이하 요건이 필요하다.
⑤ 거주주택 비과세를 받기 위해서는 임대사업자로 등록하는 주택 B와 주택 C의 임대료 인상 상한 요건이 충족되어야 한다.

03 **나대한 씨가 주택 B와 C를 임대사업자 등록을 하고 의무임대기간을 충족 후 양도할 경우 다주택자 중과세율(2026년 5월 9일까지 다주택자가 양도하는 경우 중과세율 적용이 배제되나 본 문제의 경우 유예기간이 끝났다고 가정을 함)과 장기보유특별공제에 대한 설명으로 틀린 것은?**

① 주택 B는 2018년 9월 13일 이전에 취득했기 때문에 양도소득세 중과세율을 적용하지 않는다.
② 신규로 취득할 예정인 주택 C를 주택임대사업자 등록을 할 경우 양도소득세 중과세율을 적용하지 않는다.
③ 세금혜택을 받으려면 의무임대기간 동안 임대를 해야 한다.
④ 주택 B를 현재 주택임대사업자 등록을 하는 경우 장기보유특별공제 우대 혜택이 없다.
⑤ 취득 예정인 주택 C를 현재 주택임대사업자 등록을 하는 경우 장기보유특별공제 우대 혜택이 없다.

정답 › ②

해설 › 2018년 9월 14일 이후 조정지역에 신규로 취득할 예정인 주택 C를 주택임대사업자 등록을 할 경우 양도소득세 중과세율을 적용한다.

단답형

04 **주택임대사업자 등록을 하면 여러 가지 세금 혜택이 있다. 그중 임대소득에 대한 종합소득세 감면 혜택을 받기 위해서는 전용면적이 (①)㎡ 이하이고, 주택의 공시가격이 (②) 이하여야 한다.**

정답 › ① 85, ② 6억 원

해설 › 주택임대사업자 등록을 하고 임대소득에 대한 종합소득세 감면을 받기 위해서는 면적과 금액 요건을 동시에 충족해야 한다.

05 **주택임대사업자 등록을 하면 여러 가지 세금 혜택이 있다. 수도권에 단독주택을 주택임대사업자 등록(2018년 9월 13일 이전에 취득한 주택으로 가정함)을 할 경우 종합부동산세의 합산배제 적용을 받으려면 주택의 공시가액이 얼마 이하이어야 하는가?**

정답 › 6억원

해설 › 주택 공시가격 6억 원 이하(비수도권 공시가격 3억 원 이하)의 주택을 장기일반민간임대사업자로 등록하는 경우 종합부동산세 대상에서 제외된다.

약술형

06 **나대한 씨가 주택 C를 취득한 경우 취득세 감면을 받을 수 있는지에 대하여 간략히 설명하시오.**

정답 › 임대주택에 대한 취득세 감면은 일정 규모 이하의 공동주택을 최초로 분양받아 취득일로부터 60일 이내에 주택임대사업자 등록을 한 경우 적용한다. 단독주택을 개인으로부터 유상승계 취득한 것이므로 취득세 감면 대상이 아니다.

사례 28 | 세금설계 및 상속설계

질문을 위한 기본정보

나대한 씨는 상가와 주택 2채를 보유하고 있다. 상가는 처분하여 금융자산으로 투자하고 싶고 주택은 종합부동산세가 부담되어 1채를 매각하고 싶다. 나대한 씨는 세부적인 세금 관계가 궁금하여 삼청은행 CPB 홍길동 팀장에게 상담을 의뢰하였다.

Ⅰ. 상가 자료

① 현재 예상 시세는 30억 원이며 올해 다른 부동산의 양도는 없다.
② 취득 관련 부대비용을 포함한 취득가액: 10억 원
③ 종합소득세 신고 시 감가상각비로 비용 처리한 금액은 없음
④ 보유기간 20년
⑤ 양도 시 부대비용 예상액 2,000만 원

Ⅱ. 주택 자료

① 거주주택 A
- 위치: 서울(강남)
- 보유기간 및 거주기간: 20년 보유, 10년 거주
- 주택 공시가격: 10억 원

② 임대주택 B
- 위치: 서울(강남), 단독주택
- 보유기간: 8년
- 현재 주택임대사업자 미등록 상태
- 주택 공시가격: 8억 원

Ⅲ. 가족관계

- 본인: 나대한(1956년생)
- 배우자: 김장미(1962년생, 전업주부)
- 아들: 나가을(1993년생, 직장인, 현재 부모님과 함께 거수)
- 딸: 나봄 (1996년생, 대학생, 현재 부모님과 함께 거주)

선다형

01 위 사례에 제시된 자료를 바탕으로 보유세 및 양도소득세에 대한 다음 설명 중 옳지 않은 것은?

① 상가를 양도할 경우 장기보유특별공제를 적용받을 수 있다.

② 임대하고 있는 서울 주택 B를 양도할 경우 중과세율(2026년 5월 9일까지 양도하는 경우에는 중과세율 적용 배제)이 적용된다.

③ B 주택에 대한 주택임대사업자 등록을 한 경우에도 나대한 씨의 종합부동산세는 A 주택과 합산과세 된다.

④ 거주하고 있는 서울 주택 A를 먼저 양도할 경우 중과세율(2026년 5월 9일까지 양도하는 경우에는 중과세율 적용 배제)이 적용된다.

⑤ 재산세 과세기준일은 7월 1일이고 종합부동산세 과세기준일은 6월 1일이다.

정답 › ⑤

해설 › 재산세와 종합부동산세의 과세기준일은 6월 1일이다.

02 위 사례에 제시된 자료를 바탕으로 양도소득세에 대한 설명으로 옳지 않은 것은?

① 현재 상태에서 거주하고 있는 서울 주택을 양도(양도시기를 2025년 3월로 가정)할 경우 장기보유특별공제를 적용받을 수 있다.
② 임대하고 있는 서울 주택 B를 장기주택임대사업자로 등록한 후 거주하고 있는 서울 주택 A를 양도한 경우 1세대 1주택 비과세 적용을 받을 수 있다.
③ 주택을 양도할 경우 자본적 지출액을 양도차익 계산 시 공제할 수 있다.
④ 배우자에게 1주택을 증여하고 세대를 분리한 후 1주택을 양도한 경우에도 부부는 동일 세대로 보기 때문에 1세대 1주택 비과세 적용을 받을 수 없다.
⑤ 현재 상태에서 거주하고 있는 주택을 양도(양도시기를 2025년 3월로 가정)할 경우 기본세율을 적용한다.

정답 › ②
해설 › 임대하고 있는 서울 주택을 장기주택임대사업자로 등록한 후 거주하고 있는 서울 주택을 양도할 경우 1세대 1주택 비과세 적용을 받을 수 없다. 임대주택 B는 기준시가 6억 원을 초과하는 주택이다.

03 위 사례에 제시된 자료를 바탕으로 상가의 양도소득세에 대한 설명으로 틀린 것은?

① 상가를 양도할 경우 장기보유특별공제는 최대 30%를 적용 받을 수 있다.
② 상가를 양도할 경우 외벽 도색 비용은 필요경비로 인정 받을 수 있다.
③ 양도소득세를 계산할 경우 상가의 과세표준에 기본세율(8단계 초과누진세율)을 적용한다.
④ 상가를 양도할 경우 다른 주택이 있더라도 중과세율은 적용하지 않는다.
⑤ 만약 상가의 종합소득세 신고 시 감가상각비를 필요경비로 처리를 했다면 양도소득세 계산 시 취득가액에서 감사상각비는 차감을 해야 한다.

정답 › ②
해설 › 상가를 양도할 경우 외벽 도색 비용은 수익적 지출이므로 필요경비로 인정 받을 수 없다.

단답형

04 **사례에서 나대한 씨가 상가를 양도할 경우 양도차익은 (①)이고 장기보유특별공제액은 (②)이다**

정답 › ① 19.8억 원, ② 5.94억 원

해설 › 상가 양도 시 양도차익은 19.8억 원, 장기보유특별공제액은 5.94억 원
- 양도차익: 30억 원 - 10억 원 - 2,000만 원 = 19.8억 원
- 장기보유특별공제: 19.8억 원 × 30% = 5.94억 원

05 **사례에서 나대한 씨가 상가를 양도할 경우 취득가액을 알 수 없어 환산가액을 적용한다면 필요경비로 공제받을 수 있는 금액은 취득당시 기준시가의 ( )%인가?**

정답 › 3%

해설 › 취득당시 기준시가의 3%를 적용한다.

약술형

06 나대한 씨가 미혼인 아들에게 임대주택 B를 증여한 후 본인이 거주하던 주택을 양도한 경우 1세대 1주택으로 비과세되기 위해서는 아들이 별도의 단독세대를 구성하고 부모와 독립된 생계를 유지하면서 일정 요건을 충족해야 한다. 배우자가 없어도 아들이 아버지와 주소를 실제로 분리하여 별도의 단독세대를 구성하고 생계를 유지한 경우 각각 1세대 1주택 비과세를 적용을 받기 위한 요건(3가지)을 서술하시오.

정답 › ① 아들의 연령이 만 30세 이상인 경우

② 아들에게 12월간 경상적·반복적 소득[사업소득, 근로소득, 기타소득(저작권 수입, 강연료 등 인적용역의 대가만 포함)]이 국민기초생활보장법에 의한 기준중위소득을 12개월로 환산한 금액의 40% 이상 소득이 있는 경우

③ 아들의 배우자가 사망하거나 이혼으로 없는 경우

사례 29 | 세금설계 및 상속설계

질문을 위한 기본정보

나대한 씨는 강남에서 10년째 건물임대업을 영위하고 있으며 상당액의 연금을 수령하고 있다. 임대소득과 연금소득에 관한 정보는 다음과 같다.

Ⅰ. 소득정보

① 건물임대소득
- 직전 연도 임대소득 4.5억 원, 당해 연도 임대소득 5.3억 원
- 재산세 등 필요경비 1억 원과 건물 취득 관련 대출이자 3,000만 원

② 주택임대소득
- 도시형 생활주택 2채를 임대하여 연간 임대소득 2,400만 원

→ 주택임대사업자 등록 하지 않음

③ 연금소득 4,000만 원
- 국민연금 수령액 900만 원(2001년 이전 불입으로 인한 연금 400만 원)
- 적격연금 수령액 1,100만 원(매년 400만 원 불입, 세액공제 받음)
- 비적격연금 수령액 800만 원(비과세 요건 충족)
- 퇴직연금 수령액 1,200만 원(개인 추가불입액 없음)

Ⅱ. 가족 정보

① 본인: 나대한 66세
② 배우자: 김장미 59세, 가정주부로서 소득 없음
③ 아들: 나가을 28세, 대학원생, 소득 없음

선다형

01 **위 사례에 제시된 건물임대소득에 관한 종합소득세 신고와 납부를 하려고 한다. 다음 설명 중 옳지 않은 것은?**

① 간편장부를 작성하여 종합소득세 신고와 납부를 해야 한다.
② 사업용 계좌를 개설하여 관할 세무서에 보고할 의무가 있다.
③ 건물 취득 관현 차입금 이자 3,000만 원은 필요경비로 인정된다.
④ 아들은 종합소득세 신고 시 자녀공제를 받을 수 없다.
⑤ 배우자는 종합소득세 신고 시 가족공제를 받을 수 있다.

정답 › ①
해설 › 복식장부 작성 의무자이므로 간편장부가 아닌 복식장부를 작성하여 소득세 신고를 해야 한다.

02 **위 사례에 제시된 임대 사업자가 대한 종합소득세 신고·납부 시 다음 설명 중 옳지 않은 것은?**

① 국민연금 수령액 중 2001년 이전 불입으로 인한 연금 400만 원은 종합소득세 과세대상이 아니다.
② 적격연금 수령액 1,100만 원은 종합과세 대상이 아니다.
③ 건물 임대소득금액과 종합과세 되는 국민연금 소득금액은 900만 원이다.
④ 비적격 연금수령액은 비과세 이자소득이므로 종합과세 대상 소득이 아니다
⑤ 퇴직연금소득은 종합과세 대상이 아니다.

정답 › ③
해설 › 과세대상 국민연금 소득 500만 원에서 연금소득공제 410만 원을 차감하여 종합과세 대상 연금소득금액은 90만 원으로 산정된다.

03 **위 사례에 제시된 사업자에 대한 종합소득세 신고 · 납부 기한에 관한 다음 설명 중 옳은 것은?**

① 소득세 성실신고 대상자에 해당되지 않으므로 신고 · 납부기한은 다음 연도 5월 31일이다.
② 소득세 성실신고 대상자에 해당되므로 다음 연도 7월 31일이다.
③ 소득세 성실신고 대상자에 해당되므로 다음 연도 6월 30일이다.
④ 소득세 성실신고 대상자에 해당되지 않으므로 신고 · 납부기한은 다음 연도 3월 31일이다.
⑤ 소득세 성실신고 대상자에 해당되므로 다음 연도 8월 31일이다.

정답 › ③
해설 › 소득세 성실신고 대상자에 해당되므로 다음 연도 6월 30일이다.

단답형

04 **퇴직연금 수령액 1,200만 원은 회사가 불입하고 개인이 받는 연금소득이므로 퇴직소득세의 일정 비율로 무조건 (　　) 한다. 괄호 안에 알맞은 말을 기재하시오.**

정답 › 분리과세
해설 › 퇴직소득세의 70%(연금수령연차가 10년을 초과하는 경우는 60%)로 무조건 분리과세 한다.

05 **주택임대소득이 연간 (　　)을 초과하므로 다른 소득과 종합과세 한다. 괄호 안에 알맞은 말을 기재하시오.**

정답 › 2,000만 원
해설 › 주택임대소득이 연간 2,000만 원을 초과하므로 다른 소득과 종합과세 한다.

약술형

06 **소득세 성실신고대상이 되는 부동산임대업의 기준 수입금액과 성실신고확인서를 신고기한 내 제출하지 않은 경우 부과되는 가산세에 대하여 간략히 설명하시오.**

정답 〉 부동산임대업의 수입금액 기준: 당해 연도 수입금액 5억 원 이상
성실신고확인서 미제출가산세: 산출세액의 5%와 당해 연도 수입금액의 0.02% 중 큰 금액

사례 30 | 세금설계 및 상속설계

질문을 위한 기본정보

나대한 씨는 금융재산이 많아 금융소득종합과세 및 상속세에 대한 부담을 고민하고 있다. 나대한 씨 부부는 보험을 통한 소득세 및 상속세 절세와 투자에 대한 자문을 얻기 위해 삼청은행 홍길동 CPB에게 상담을 의뢰하였다.

Ⅰ. 세금 자료

① 본인: 나대한 60세
금융재산 50억 원, 부동산 20억 원, 부채 없음, 연간 금융소득 1억 원 발생
② 배우자: 김장미 55세, 금융재산 5억 원, 연간 금융소득 1,000만 원, 부동산 없음, 다른 소득 없음
③ 아들: 나가을 28세, 대학원생, 5급 장애인이며 재산 및 소득 없음

Ⅱ. 보험상품 현황

① 매월 200만 원을 납입하는 저축성보험 계약
- 계약자 = 피보험자 = 수익자 = 본인으로 함, 납입기간 5년
② 매월 300만 원을 납입하는 보장성보험 계약
- 사망보험금 7억 원
- 계약자 = 피보험자 = 본인, 수익자 = 법정상속인으로 함, 납입기간 10년
③ 일시납 5억 원을 납입한 종신형 연금보험 계약
- 계약자 = 본인, 피보험자 = 배우자, 수익자 = 본인으로 함

선다형

01 위 사례에 제시된 보험계약의 이자소득세 비과세에 관한 다음 설명 중 옳지 않은 것은?

① 매월 200만 원을 납입하는 저축성보험을 위 사례와 같이 계약한 경우 비과세한다.

② 매월 300만 원을 납입하는 보장성보험 계약은 사망을 원인으로 보험차익이 발생하면 납입금액과 가입구조에 관계없이 비과세한다.

③ 일시납 5억 원을 납입한 종신형 연금보험 계약의 가입구조를 '계약자 = 본인, 피보험자 = 배우자, 수익자 = 본인'으로 한 경우 과세한다.

④ 월 적립식 보험계약은 5년 이상 보험료를 납입해야 비과세한다.

⑤ 일시납 5억 원을 납입한 종신형 연금보험은 연금 개시 연령이 55세 이상이어야 비과세한다.

정답 › ①

해설 › 월 적립식 저축성 보험은 월납 150만 원 한도로 납입해야 비과세한다.

02 위 사례에 제시된 사망보험금이 7억원인 보장성 보험계약의 과세에 대한 다음 설명 중 옳은 것은?

① 매월 300만 원을 납입하는 보장성보험 계약의 피보험자가 사망하여 지급되는 보험금 7억원은 소득세 과세대상이다.

② 매월 300만 원을 납입하는 보장성보험 계약의 피보험자가 사망하여 지급되는 보험금 7억원은 증여세 과세대상이다.

③ 매월 300만 원을 납입하는 보장성보험 계약의 피보험자가 사망하여 지급되는 보험금 7억원은 상속세 과세대상이다.

④ 매월 300만 원을 납입하는 보장성보험 계약의 피보험자가 사망하여 사망보험금 7억원이 지급되는 경우 납입한 보험료의 합계금액이 상속세 과세대상이다.

⑤ 매월 300만 원을 납입하는 보장성보험 계약의 수익자를 법정상속인이 아닌 아들로 하면 사망보험금에 대한 상속세 과세를 피할 수 있다.

정답 › ③

해설 › 매월 300만 원을 납입하는 보장성보험 계약의 피보험자가 사망하여 지급되는 보험금 7억원은 상속세 과세대상이다. 참고로 ⑤의 경우 계약자와 수익자를 아들로 하고 아들의 소득으로 보험료를 납부해야 상속세가 과세되지 않는다.

03 위 사례에 제시된 일시납 5억원을 납입한 종신형 연금보험의 과세에 관한 다음 설명 중 옳지 않은 것은?

① 계약자와 피보험자 및 수익자가 동일하지 않으므로 보험차익에 대하여 소득세가 과세된다.
② 계약자가 사망한 이후 지급되는 잔여 연금은 상속세 과세대상이다.
③ 계약자가 사망한 이후 지급되는 잔여 연금은 정기금 평가를 하여 평가액을 산정한다.
④ 상속형 연금을 선택한 경우에도 정기금 평가를 하여 평가액을 산정한다.
⑤ 정기금 평가 시 적용되는 이자율은 연 3%이다.

정답 › ④

해설 › 상속형 연금은 정기금 평가액과 해지환급금 중 큰 금액으로 평가한다..

단답형

04 종신형 연금보험의 계약자 = 나대한, 피보험자 = 김장미, 수익자 = 나가을로 하여 일시납 5억원인 즉시연금 계약을 2023년 5월 10일 체결한 경우 최저보증기간과 피보험자의 기대여명 숭 긴 기간 동안 받을 연금을 평가한 금액에 대하여 (　　)가 과세된다. 괄호 안에 알맞은 말을 기재하시오.

정답 › 증여세

해설 › 존신형 연금보험의 계약자와 수익자가 다른 경우 정기금 평가액에 대하여 증여세가 과세된다.

05 장애인인 나가을이 특수관계자로부터 제산을 증여받은 경우로서 일정 요건을 모두 갖춘 경우 장애인의 생존기간 동안 ( )을 한도로 증여세 과세가액에 불산입한다. 괄호 안에 알맞은 말을 기재하시오.

정답 › 5억원
해설 › 장애인의 생존기간 동안 5억원을 한도로 증여세 과세가액에 불산입한다.

약술형

06 매월 300만 원을 납입하는 보장성 보험계약의 가입구조가 사례와 같은 경우로서 피보험자 사망 시 지급되는 사망보험금을 법정상속인이 수령하는 경우 민법상 누구의 재산인지 그리고 세법상 어떤 세금이 과세되는 지 간략히 설명하시오.

정답 › 사망보험금을 법정상속인이 수령하는 경우 민법상 수익자인 법정상속인의 고유재산으로 보나 세법상으로는 상속재산으로 간주하여 상속세가 과세된다.

사례 31 | 세금설계 및 상속설계

질문을 위한 기본정보

나대한 씨는 상속세 절세를 위하여 올해 32세인 아들 나가을에게 2024년 6월 상가를 순수증여 하려고 한다. 기존 증여 관련 정보가 다음과 같은 경우 증여세 합산과세 및 상속재산 합산과세 여부를 알고 싶어 한다.

① 2015년 5월 10일 어머니 김장미가 나가을에게 예금 3억 원 증여함
② 증여대상 상가 관련 정보
- 인금 부동산 중개업소에서 확인되는 대략적인 시세 8억 원
- 기준시가 5억 원, 임대보증금 1억 원, 월 임대료 300만 원

③ 2014년 8월 4일 할아버지 나갑부가 다음과 같이 증여함
- 아들 나대한에게 예금 5억 원 증여함
- 손자 나가을에게 토지 2억 원 증여함

④ 나갑부가 2024년 3월 16일 사망함
- 상속재산 평가액 30억 원
- 상속개시 2년 이내 예금 인출액 9억 원, 사용용도 소명액 6억 원

선다형

01 위 사례에 제시된 정보를 근거로 증여세 과세에 대한 다음 설명 중 옳은 것은?

① 나가을이 아버지로부터 상가를 증여받는 경우 2015년 5월 10일 어머니로부터 증여받은 예금 3억원을 합산 과세한다.

② 나가을이 아버지와 할아버지로부터 10년 이내에 증여받은 재산이 각각 있는 경우 합산과세 한다.

③ 나가을이 아버지로부터 상가를 증여받는 경우 2015년 5월 10일 어머니로부터 증여받은 예금 3억원을 합산 과세하지 않는다.

④ 지금 증여받는 상가의 증여재산 평가액은 8억 원이다.

⑤ 지금 증여받는 상가의 평가액에서 증여재산공제 5,000만 원을 적용하여 과세표준을 산정한다.

정답 › ①

해설 › ② 아버지와 할아버지는 동일인이 아니므로 합산과세 하지 않는다.

③ 나가을이 아버지로부터 상가를 증여받는 경우 2015년 5월 10일 어머니로부터 증여받은 예금 3억원을 합산 과세한다.

④ 8억원은 중개업소에서 확인한 대략적인 시세이므로 기준시가 5억 원으로 평가한다.

⑤ 2014년 8월 4일 할아버지가 손자 나가을에게 증여할 때 직계존비속공제 5,000만 원을 적용받았기 때문에 10년 이내에 아버지가 아들 나가을에게 증여할 경우 직계존비속공제를 또 적용받을 수 없다.

02 나갑부의 상속세 신고와 관한 다음 설명 중 옳지 않은 것은?

① 사전 증여재산을 상속재산에 합산과세 하는 경우 당초 증여재산 평가액을 합산한다.

② 사전 증여재산을 합산과세 하는 경우 당초 증여 시 신고 · 납부한 증여세는 일정 한도로 상속세 산출세액에서 공제한다.

③ 나대한에게 증여한 5억원과 나가을에게 증여한 2억 원을 상속재산에 합산하여 과세한다.

④ 상속세 신고기한은 2024년 9월 30일이다.

⑤ 어머니 김장미가 나가을에게 증여한 예금 3억 원은 나갑부의 상속세 신고 시 합산과세 대상이 아니다.

정답 › ③

해설 › 나가을에게 증여한 재산은 상속인이 아닌 자에 대한 증여에 해당하며, 증여일로부터 5년이 지나 상속이 개시되었으므로 상속재산 합산과세 대상이 아니다.

03 증여세 신고와 납부에 관한 다음 설명 중 옳은 것은?

① 증여세 신고기한은 증여일이 속하는 달의 말일부터 6개월이다.
② 증여세 신고기한은 증여일로부터 6개월이다.
③ 증여세 납부할 세액이 5억원인 경우 7년 이내의 기간 동안 연부연납 할 수 있다.
④ 증여세를 분납할 경우 분납세액에 대하여 이자가 가산된다.
⑤ 수증자가 거주자인 경우 납부할 증여세를 증여자가 대신 납부하면 증여로 본다.

정답 › ⑤

해설 › ①, ② 증여세 신고기한은 증여일이 속하는 달의 말일부터 3개월이다.
③ 5년 이내의 기간 동안 연부연납할 수 있다.
④ 증여세를 분납할 경우 분납세액에 대하여 이자가 가산되지 않는다.

단답형

04 나갑부가 나대한에게 증여한 재산은 증여일로부터 (①) 이내에 상속이 개시된 경우 상속재산에 합산과세 하며, 나갑부가 나가을에게 증여한 재산은 증여일로부터 (②) 이내에 상속이 개시된 경우 상속재산에 합산과세 한다. 괄호 안에 알맞은 말을 기재하시오.

정답 › ① 10년, ② 5년

해설 › 아들은 상속인이므로 아들에게 증여한 재산은 10년 합산과세 대상이나 손자는 상속인이 아닌 자이므로 5년 합산과세 대상이다.

05 나갑부가 나가을에게 증여한 재산은 (　　　)에 해당되므로 증여세 산출세액의 30%를 할증과세한다. 괄호 안에 알맞은 말을 기재하시오.

정답 › 세대생략증여

해설 › 세대생략증여에 해당되며 미성년자면서 증여받은 재산가액이 20억원을 초과하면 산출세액의 40%를 할증과세하나 20억원 이하이므로 30%를 할증과세한다.

약술형

06 나가을이 아버지로부터 상가를 증여받을 경우 상가 평가액 5억 원에 대한 증여세만 계산하여 신고하면 나중에 증여세와 가산세를 추징당하는 문제가 발생할 수 있다. 나가을이 증여받는 시점에서 반드시 확인해야 할 사전 증여내역 두 가지를 간략히 설명하시오.

정답 › 나가을이 아버지와 어머니로부터 10년 이내에 재산을 증여받는 경우 증여재산을 합산과세 하기 때문에 증여 전 10년 이내에 아버지와 어머니로부터 증여를 받은게 있는지 반드시 확인해야 한다.
또한 10년 이내에 할아버지나 할머니로부터 증여받은 재산이 있는 경우 부모로부터 증여받은 재산과 합산과세는 되지 않으나 직계존비속공제를 중복하여 적용받을 수 없기 때문에 증여받은 사실이 있는지 확인해야 한다.

사례 32 | 세금설계 및 상속설계

질문을 위한 기본정보

65세의 나갑부 씨는 소유 부동산 중 강남 소재 상가를 증여할 생각이다. 부담부 증여를 해야 할지 아니면 순수 증여를 해야 할지 절세할 수 있는 증여방법을 고민 중이다(임대용 상가는 기준시가로 증여세 신고를 하는 것으로 가정함).

① 강남구 대치동 209-9 소재 임대용 상가
- 토지 공시지가 10억 원, 건물 기준시가 2억 원
- 시세는 알 수 없음
- 임대보증금 3억 원, 월 임대료 300만 원
- 상가 담보 대출금 1억 원

② 증여계약일 2025년 3월 6일, 증여등기접수일 2025년 4월 7일

③ 자녀 정보
- 아들: 나대한 34세 직장인
- 손자: 나가을 4세

선다형

01 위 사례에 제시된 정보를 기초로 토지와 건물을 증여받는 경우 증여공제에 대한 다음 설명 중 옳은 것은?

① 나대한이 증여받는 경우 성인이므로 3,000만 원을 공제한다.
② 나가을이 증여받는 경우 미성년이므로 1,500만 원을 공제한다.
③ 증여공제는 증여자를 기준으로 하여 적용한다.
④ 나가을이 증여받는 경우 2,000만 원을 공제한다.
⑤ 나대한이 증여받는 경우 6억원을 공제한다.

정답 › ④
해설 › 나가을은 미성년자이므로 2,000만 원을 공제한다. 증여공제는 수증자 기준으로 적용한다.

02 **위 사례에 제시된 부동산에 대한 증여세 신고기한으로 다음 중 옳은 것은?**

① 2025년 5월 6일
② 2025년 5월 31일
③ 2025년 6월 30일
④ 2025년 7월 7일
⑤ 2025년 7월 31일

정답 › ⑤
해설 › 증여등기접수일이 속하는 달의 말일부터 3개월 이내에 신고해야 한다.

03 **위 사례에 제시된 부동산을 아들 나대한에게 채무 4억원을 승계하는 조건으로 부담부 증여한 경우 부과되는 세금에 대한 설명으로 옳지 않은 것은?**

① 나대한은 증여가액 12억 원에서 승계한 채무 4억 원을 차감한 8억 원에 대하여 증여세 신고를 해야 한다.
② 나대한은 증여가액 12억 원에 대하여 증여세 신고를 해야 한다.
③ 나갑부가 세입자로부터 받은 보증금 3억 원과 은행 차입금 1억 원을 나대한에게 현금으로 지급하면 재차 증여에 해당된다.
④ 증여 등기 시 기준시가의 4%를 취득세로 신고·납부해야 한다.
⑤ 부담부 증여를 하면 증여자는 양도소득세 신고를 해야 하고 수증자는 증여세 신고를 해야 한다.

정답 › ②
해설 › 부담부 증여이므로 증여가액 12억 원에서 승계한 채무 4억 원을 차감한 8억 원에 대하여 증여세 신고를 해야 한다.

단답형

04 **임대차계약이 체결된 부동산의 경우 보충적 평가방법(기준시가)과 임대료 환산가액을 비교하여 큰 금액으로 증여재산을 평가한다. 상기 사례에서 임대료 환산가액은 얼마인가?**

정답 › 6억
해설 › 3억 원 + 36백만 원 / 12%

05 **부담부 증여 시 나갑부는 나대한에게 승계한 채무 4억 원에 상당하는 양도차익에 대하여 양도소득세 신고를 (　　　)까지 해야 한다. 괄호 안에 알맞은 말을 기재하시오.**

정답 › 2025년 7월 31일
해설 › 양도일(증여등기접수일)이 속하는 달의 말일부터 3개월 내에 양도소득세 신고를 해야 한다.

약술형

06 **사례에 제시된 손자 나가을이 나갑부로부터 토지와 건물 평가액의 1/2인 6억 원을 증여받는 경우 적용받을 수 있는 증여공제액이 얼마인지 그리고 증여세 산출세액에 대한 할증과세율이 몇 %인지 간략히 설명하시오.**

정답 › 미성년자인 직계비속이므로 증여공제액은 2,000만 원이며 미성년인 손자가 세대생략증여를 받는 경우로서 증여재산가액이 20억 원 이하인 경우에는 증여세 산출세액의 30%를 할증과세 한다.

사례 33 | 세금설계 및 상속설계

질문을 위한 기본정보

김장미 씨는 2024년 4월 15일 사망한 나갑부 씨의 상속인으로 두 아들과 함께 살고 있다. 상속인과 상속재산에 관한 정보는 다음과 같다.

Ⅰ. 고객정보

- 본인: 김장미(만 49세 2개월, 가정주부)
- 장남: 나가을(만 21세 3개월, 대학생)
- 차남: 나봄(만 17세 2개월, 고등학생)

Ⅱ. 상속재산

- 피상속인 명의 상속재산가액 42억 원
  부동산 41억 원, 예금 1억 원
- 상속개시 2년 이내 인출 예금 10억 원 중 사용처 소명 금액 3억 원
- 임대보증금과 은행 차입금 5억 원
- 법정지분대로 상속재산을 분할할 예정이며 장례비 공제액은 고려하지 않는 것으로 가정한다.

선다형

01 **위 사례에 제시된 상속인 현황을 기준으로 배우자가 10억 원을 실제 상속받은 경우 배우자 상속공제액은 얼마인가?**

① 5억 원
② 10억 원
③ 18억 원
④ 20억 원
⑤ 30억 원

정답 › ②
해설 › Min[(42억 원 +10억원-3억원-2억원 - 5억 원) × 1.5/3.5, 10억원] = 10억 원

02 **상속세 계산과 상속공제 적용에 대한 다음 설명 중 옳지 않은 것은?**

① 상속세는 상속재산 전체를 합산하여 과세한다.
② 기초공제액은 2억 원이다.
③ 피상속인이 비거주자인 경우 기초공제액만 적용한다.
④ 미성년자공제는 만 19세 이하인 상속인이 있는 경우에 적용한다.
⑤ 상속재산가액이 50억 원인 경우 배우자가 얼마를 상속받는지에 관계없이 배우자 상속공제액은 30억 원을 적용한다.

정답 › ⑤
해설 › 상속재산가액이 50억 원인 경우 배우자의 법정상속지분에 상당하는 금액과 배우자가 실제로 상속받은 금액 중 적은 금액을 한도로 공제한다. 상속인이 몇 명인지 그리고 배우자가 실제 상속받은 금액이 얼마인지에 따라 배우자상속공제액이 달라진다.

03 **피상속인의 예금 인출액 중 사용처가 소명되지 않은 금액 중 상속세 과세가액에 가산되어야 할 금액으로 다음 중 옳은 것은?**

① 3억 원
② 5억 원
③ 7억 원
④ 8억 원
⑤ 10억 원

정답 › ②
해설 › 10억 원 - 3억 원 - Min(10억 원×20%, 2억 원) = 5억 원

단답형

04 **과세관청은 상속인 누구에게나 각자 상속받은 재산가액을 한도로 상속세를 징수할 수 있으며, 각자 상속받은 재산가액을 한도로 특정 상속인이 다른 상속인의 상속세를 대신 납부한 경우에도 이를 증여로 보지 않는데, 이를 상속세 (①)라 한다. 하지만 각자 상속받은 재산가액을 초과하여 상속인의 고유재산으로 다른 상속인이 부담해야 할 상속세를 대신 납부한 경우에는 (②)를 부과한다. 괄호 안에 알맞은 말을 기재하시오.**

정답 › 연대납세의무(연대납부의무), 증여세
해설 › 상속세는 각자 상속받은 재산가액 범위 내에서 상속인 중 누가 세금을 내든 증여로 보지 않으며 이를 연대납세의무라 한다. 각자 상속받은 재산가액을 초과하여 상속인의 고유재산으로 다른 상속인이 부담해야 할 상속세를 대신 납부한 경우에는 증여세를 부과한다.

05 배우자 상속공제는 상속세 과세표준 신고기한으로부터 (　　) 내에 배우자에 대한 상속재산을 실제 분할 한 경우에 한하여 최대 30억 원을 한도로 배우자 상속공제를 적용한다. 괄호 안에 알맞은 말을 기재하시오.

정답 › 9개월

해설 › 9개월 내에 배우자에 대한 상속재산을 실제 분할한 경우에 한하여 최대 30억 원의 배우자 상속공제를 적용한다.

약술형

06 사례에 제시된 내용을 기준으로 계산되는 상속세 납부를 위하여 상속인은 연부연납을 신청하려고 한다. 연부연납을 위한 세 가지 요건에 대하여 간략히 서술하시오.

정답 › ① 상속세 납부세액이 2,000만 원을 초과해야 한다.
② 세무서장에게 신청하여 허가를 받아야 한다.
③ 납세담보를 제공해야 한다.

집필자

김문기

- 서울대학교 사회과학대학 졸업
- 제24회 공인회계사 시험 합격
- (전) 안건회계법인 세무자문부 근무
- (전) 공인회계사 김문기 사무소 대표
- (전) 교보생명 노블리에센터 세무자문역
- (전) 삼성세무서 납세자권익보호위원회 자문위원
- (전) 국세청 국세심사위원회 심의위원
- 삼성화재 FP센터 세무자문위원
- 한국금융연수원 겸임교수
- 한국금융연수원 2012년 Teaching Award 수상
- 터율회계법인 이사

김민규

- 한밭대학교 창업경영대학원 금융부동산학과 석사
- KB국민은행 Private Banker
- (현) 한국금융연수원 FP, PB과정 강사
- (현) KB국민은행 잠실 롯데PB센터장

저서:

- 김기승·김민규·김용현(공저, 2017), 자산관리 상담실무(금융상품), 한국금융연수원
- 김민규·고득성·최병희(공저, 2017), 금융자산 투자설계(I), 한국금융연수원
- 강병욱·김민규(공저, 2017), 라이프사이클에 따른 개인자산관리(2권), 한국금융연수원

민복기

- 숭실대학교 일반대학원 경영학과 재무금융설계 박사과정 수료
- (현) 한국금융연수원 개인금융부문 겸임교수
- (현) 한국가계재무연구소 대표
- (전) 숭실대학교 경영대학원 금융·부동산학과 겸임교수

집필자

박정국

- 건국대학교 경영대학 경영학과 졸업
- 2008년 CFP 시험 합격
- 제42회 세무사 시험 합격
- (전) LG 실트론 세무팀장 근무
- (전) CFP 강사
- (전) 서울(지방)국세청 조사국 조사요원강의(외국환 세무)
- (전) 다함세무법인 근무
- (현) 하나은행 상속증여센터 센터장
- (현) 한국금융연수원 겸임교수
  한국금융연수원 2019년 Teaching Award 수상

이승희

- 서울과학종합대학원 경영학 박사
- 동양증권 파생상품리서치팀 팀장
- 도이치증권 Asia Index Arbitrage 이사
- 모간스탠리증권 서울지점 주식부 이사
- 현대증권 파생상품본부 부본부장
- 'AFPK·CFP 투자설계·개인재무설계사례집' 공저
- (현) 나사렛대학교 국제금융부동산학과 교수

집필자

이재국

- 동국대학교 대학원 건축공학과 졸업(공학박사)
- (전) 서일대학교 교수
- (전) 구리시 도시계획위원회 심의위원
- (전) 구리시 테크노밸리 자문위원회위원
- (전) 은평구 분양가심사위원회위원
- (전) 파주시 건축위원회 위원
- (현) 교보생명 재무설계센터 부동산 자문위원
- (현) 한국금융연수원 겸임교수
- (현) 파주시 도시계획위원회 위원
- (현) 성균관대학교 대학원 보험금융학과 MBA과정 강사
- (현) 중앙대학교 행정대학원 최고경영자과정 강사
- (현) 매일경제 부동산 최고경영자과정 강사

저서:

- 반지하에서 반포아파트입성하기(2018)
- 자산관리 상담실무(부동산)
- 부동산 관계법률
- 건축물 용도규제에 관한 연구(박사학위 논문)

자문위원

박상욱

- MBA(Real estate-finance)
- 우리은행 부동산 투자지원센터 팀장
- PB고객 부동산 투자 컨설팅
- 우리은행 사내강사 / Two-Chairs 편집위원

자산관리 실무사례

초 판 1 쇄	2019년 4월 25일
6 판 1 쇄	2025년 4월 14일
발 행 인	이준수
발 행 처	한국금융연수원 출판미디어사업부
	03053 서울시 종로구 삼청로118
전 화	02) 3700-1500
팩 스	02) 3700-1530
홈 페 이 지	www.kbi.or.kr
등 록	1990년 4월 20일(제1-1040호)

ISBN 978-89-287-8252-9 13320 〈정가 : 20,000원〉

한국금융연수원 자격검정시험 안내

•「국가공인자격」은 자격기본법에서 정한 기준과 절차에 따라 국가가 공인한 자격으로 신용분석사, 여신심사역, 국제금융역, 자산관리사(FP), 신용위험분석사(CRA), 외환전문역 I종, 외환전문역 II종 등 7개의 자격이 있습니다.

•「자체인증자격」은 우리 원이 인정, 수여하는 자격으로 공개시험형 자체자격인 프라이빗 뱅커(CPB), 은행텔러, 영업점 컴플라이언스 오피서(은행)(보험)(증권), KBI 금융DT 테스트, 자금세탁방지 업무능력 검정시험 등 7개 자격이 있습니다.

구분	자 격 명 (공인/등록번호)	응시료	자격소개
국가공인자격	신용분석사 (제2024-1호) (2008-0438)	전과목 : 66,000원 1부 : 28,000원 2부 : 39,000원	금융회사의 여신관련 부서에서 기업에 대한 회계 및 비회계자료 분석을 통하여 종합적인 신용상황을 판단하고 신용등급을 결정하는 등 기업신용 평가업무를 담당하는 금융전문가
	여신심사역 (제2024-2호) (2008-0439)	전과목 : 66,000원 1부 : 28,000원 2부 : 39,000원	금융회사의 여신심사 담당자로서 경제상황과 기업의 재무, 비재무상태 등을 분석, 파악하여 적정한 대출심사 의견서 작성, 대출이율 및 대출기간 결정 등 대출실행 여부를 판단하고 자금의 효율적 운용, 대손 방지를 위한 제반조치, 여신의 법률적 검토, 사후관리업무 등 여신업무와 관련한 종합적인 업무를 수행하는 금융전문가
	국제금융역 (제2021-1호) (2008-0440)	전과목 : 66,000원 1부 : 33,000원 2부 : 33,000원	금융회사의 국제금융 관련 부서에서 국제금융시장의 동향파악, 분석 및 예측 등을 통하여 외화자금의 효율적 조달과 운용업무를 담당하고 이에 따른 리스크관리 등 국제금융 관련 업무를 수행하는 금융전문가
	신용위험분석사(CRA) (제2023-2호) (2008-0442)	1차 : 77,000원 2차 : 88,000원	금융회사 및 기업신용평가기관 등에서 개인과 기업에 대한 신용상태를 조사평가하고 신용위험을 측정 · 관리하는 여신전문가
	자산관리사(FP) (제2020-1호) (2008-0441)	전과목 : 55,000원 1부 : 28,000원 2부 : 28,000원	금융회사 영업부서의 PB(Private Banking) 팀에서 고객의 수입과 지출, 자산 및 부채현황, 가족상황 등 고객에 대한 각종 자료를 수집, 분석하여 고객이 원하는 Life Plan 상의 재무목표를 달성할 수 있도록 종합적인 자산설계에 대한 상담과 실행을 지원하는 금융전문가
	외환전문역 I종 (제2020-1호) (2008-0436)	전과목 : 55,000원	금융회사의 외환업무 중 외국환 거래 법규 및 외환거래실무를 이해하고 고객의 외화 자산에 노출되는 각종 외환 리스크를 최소화시키는 등 주로 개인 외환과 관련된 직무를 담당
	외환전문역II종 (제2020-1호) (2008-0436)	전과목 : 55,000원	금융회사의 외환업무 중 수출입업무 및 이와 관련된 국제무역규칙을 이해하고 외환과 관련된 여신 업무를 수행하는 등 주로 기업 외환과 관련된 직무를 담당
자체인증자격	은행텔러 (2008-0437)	전과목 : 55,000원	창구에서 일어나는 제반업무에 대해 신속하고 친절한 업무수행과 정확한 업무처리로 고객에게 도움을 주고 상담을 통해 문제해결을 하도록 도와주는 금융전문가
	영업점 컴플라이언스 오피서(은행) (2010-0118) (보험, 증권) (2013-0702,0703)	전과목 : 각 44,000원	금융회사의 영업점에서 준법관련 법규와 감독기관의 감독규정이 정한 내용과 취지를 충분히 이해하고 업무 수행과정에서 이를 준수하며, 영업점에서 발생 가능한 금융사고 및 민원사항이 발생하지 않도록 사전적 예방 차원에서 그 준수사항의 이행을 점검하는 금융전문가(은행, 보험, 증권 분야별로 자격이 구분됨)
	프라이빗뱅커 (CPB) (2018-004091)	1차 : 110,000원 2차 : 342,000원 (실무교육)	개인고액자산가의 자산 및 수익증대를 실현하기 위해 금융분야 전반에 걸쳐 종합적인 금융상담과 실행을 지원할 수 있는 최고급 수준의 금융자산설계전문가
	KBI 금융DT 테스트 (2021-001872)	전과목 : 44,000원	금융인 및 예비금융인을 대상으로 디지털금융 전반에 대한 기본지식과 업무활용능력 등 금융DT 관련 기본역량 평가
	자금세탁방지 업무능력 검정시험 (2023-004792)	전과목 : 66,000원	금융시스템을 이용한 자금세탁행위와 공중협박자금조달행위를 적발 및 예방할 수 있는 전문적인 업무역량 평가

소비자 알림사항

•상기 "프라이빗뱅커(CPB)", "영업점컴플라이언스 오피서(은행)(보험)(증권)", "KBI 금융DT 테스트", "은행텔러", "자금세탁방지 업무능력 검정시험" 자격은 자격기본법 규정에 따라 등록한 민간자격으로, 국가로부터 인정받은 공인자격이 아닙니다.

•민간자격 등록 및 공인 제도에 대한 상세내용은 민간자격정보서비스 (www.pqi.or.kr)의 '민간자격 소개'란을 참고하여 주십시오.

기타

•응시료 환불 규정 : 접수기간 중 100%, 접수기간 종료 후 시험일 5일전 18시까지 50% 환불/이후 환불 불가

•자격 공인번호는 재공인시점에 따라 변경될 수 있으며, 응시료, 환불규정 등은 응시 시점에 따라 변경될 수 있으니 자격시험 응시 전 반드시 한국금융연수원 홈페이지에서 응시하고자 하는 자격시험에 관한 최신 정보를 확인하시기 바랍니다. 자격시험에 관한 자세한 사항은 한국금융연수원 홈페이지를 참조하시기 바랍니다.

•주소 : 서울특별시 종로구 삼청로 118 / TEL : 02-3700-1500 / 홈페이지 : www.kbi.or.kr